七田式
右脳全開教育

子どもの才能を余すことなく引き出すシステムとトレーニング

The Shichida Method of The Educational System and Training for Developing A Child's Capability

by Makoto Shichida

七田 眞

文芸社

七田式右脳全開教育～子どもの才能を余すことなく引き出すシステムとトレーニング～

装幀・上田晃郷

プロローグ

明治より以前、日本の子どもたちは寺子屋において学習をしました。そこではもっぱら論語など中国の学問を素読するところからはじまりました。素読とは、書物の意味・内容を考えることなく、ただ文字だけを音読することです。当時の子どもたちは、ただ難解な文章を毎日読んで暗記していきました。意味もわからずにそんなことをして、いったい何になるのか。これが明治期以降の日本人の典型的な考え方です。

意味もわからずに頭のなかに叩き込んだ言葉の群れは、深層意識の中で漢文脈をつくり、文書を書く時、格調のある文書となって出てくるのです。書くものが全然違ってきます。潜在意識へのインプットが、後年その人の高い資質となって出てくるのです。

意味も必ずわかる時がきます。

「あの時に習ったのは、こんなに蘊蓄《うんちく》のある意味であったのか」

と感慨深い思いで、胸に改めて刻み込みを深くします。それがその人の深い資質となってアウトプットされるようになるのです。

インプットされたら、今度はそれを有意義に効果的にアウトプットするわけです。昔の人が「潜在意識」という言葉を知っていたかどうかはわかりません。しかし、右脳の持つ意味を知っていたとはとても思えないのです。にもかかわらず、昔の人達は非常に秀れた右脳教育を実践していたように見えます。

たとえば、明治維新の礎となった偉大な志士たちが多く育った「塾」といえば吉田松陰の「松下村塾《しょうかそんじゅく》」があります。歴史のうえに燦然と輝く松下村塾が存在したのはわずか二年に過ぎません。それだけの期間しかなかったにもかかわらず、後代の日本を築く人材を育てた松陰の教えとはどんなものだったのでしょう。

それは「志を持て」ということでした。松陰は、「志を持たないものは人ではない。虫(無志)である」と教えました。

これは私がいう右脳教育の基本とするところに一致しています。松陰はすでに日本の大きな黎明期に、右脳教育などという言葉は知らずにすぐれた右脳教育を行なっていたのです。

とくに幼児期で大切なのは、知識をただ詰め込むことではなく、子どもに本来備わっているすぐれた潜在能力を引き出すことにあります。そして、志の大切さを教えるのです。自分の周りの人たちを喜ばせ、幸せにし、多くの人たちに貢献するには自分は何をすればよいのか。

どんな子どもも、本来は一〇〇％使える能力を持ってこの世に生まれてきます。しかし、生まれた環境のなかにそれを引き出す刺激や教育がないと引き出すことはできません。右脳教育は相手を選ぶことはありません。学習に遅れた子どもたちでも、脳に障害を持つ子どもたちでも救うことができるのです。

右脳という観点から見ると、どんな子どもでも、賢く育てることができます。ダメな子はひとりもいません。

読者のみなさまには、どうか本書によって、右脳の持つ不思議で驚異的なシステム、力をよく知って、子育てだけでなくご自身の能力開発の一環としても役立てていただければ幸いです。

著者

七田式右脳全開教育――目次

第二章　子どもの「超能力」をどう理解して育てるか　71

第四章　七田式教育はこうして生まれた　147

第五章　新しい時代に心を開く子どもたち　177

第一章◆なぜ幼児教育なのか

◆「子どもは遊ばせろ」は大間違い

今、日本では、入学してから学力不足で中途退学する子どもたちの数が増えており、小数や分数の計算がわからない高校生たちが驚くほど多くなっています。この子どもたちは小学校の時から小数や分数の計算がわからないまま、中学・高校へと進学してきたのです。今、学校では、勉強したくない者はしなくてもよいという方針に切り替わっています。詰め込みはよくないとして、子どもたちの自由に任せる方針になっています。

家庭を見ると、「子どもに無理に勉強させる必要はない。子どもは自由にのびのび育てたほうがいい」と考える親も増えています。

しかし、幼児期や小学校低学年の時期に、のびのびと遊ぶだけで育った子どもは、大きくなって何もできない人になってしまいます。昔なら、代わりに家業を身につけたり、生活に必要な知恵を身につけた子どもたちが育ちました。今は、遊ばせて育てると、勉強はおろか、生きる知恵さえも身につかない、という子どもたちが増えているのです。

教育評論家のなかには、

「自分は小さい時に何もしないでここまできた。小さい時には遊ばせて育てるのがよい。今の子どもたちは、勉強勉強で気の毒だ」

という人たちがいます。これはいかにも偽善的で、それを真に受けて勉強しない子どもたちの増加が中学・高校の中退者激増につながるとしたら、本当に困ったことです。

現在、社会的に成功したと見なされている人たちが、現在の学校教育の事情などはまるで知らずに、「遊ばせて育てるのがよい」と書くものですから、これをそのまま受け取ってしまう一般読者が多いのです。

こんな人たちは、幼児教育などは知らないで、自分の体験から「自分は小さい時は遊んで育った。何もしなかった」と書いておられるのですが、実際は小さい頃の記憶がないために、何もしなかったように思い込んでいるだけなのです。

だいたい、それだけの文章を書くには、相当の学力が必要です。そして、それは、小さい時に学ばないと身につかないものなのです。このことは、最新の脳神経生理学がしきりに説いていることです。

脳の成長には臨界期というものがあり、その時期に適切な刺激が与えられないと、後からの刺激では育つことはありません。

◆落ちこぼれの図式

人間の場合、脳の臨界期は〇歳～六歳の間といわれています。この時期に親が手をかけずに、遊ばせるだけで育てた子どもは、生来のすぐれた素質を失ってしまいます。親が、子どもの頭に才能逓減《ていげん》（時とともに少しずつ量や額が減ること）の法則が働いていることを知らないばかりに、わが子を知能の低い子に育ててしまうのです。

最近では、幼稚園の時期に遊ばせて育てるだけの保育では、子どもたちがどんどん素質を失っていくことを、世間の多くの学者たちが知るようになりました。

小学校入学後に勉強を始めた子どもたちは、なかなか文字が覚えられません。いろいろなことを覚えるという大切な時期が過ぎてしまっているからです。そのような六歳の子どもよりも三歳の子どものほうがよほど楽に文字を覚えてしまいます。

子どもが大きくなるほど素質がよくなっていくのなら、遊ばせて育てていいのです。しかし、実際には、ただ遊ばせてしまうと、入学した時点ではすでに学習するのが難しい頭に変わってしまっているのです。そのために、学校の授業についていけずに落ちこぼれになってしまう図式が生まれます。

◆子どもの右脳に目を向ける

これまでの教育は、子どもの左脳的な発達にしか目を向けませんでした。左脳的子育ては、子どもの能力や学力だけを子育ての中心に考えています。これは子どもにとっても、親にとっても、プレッシャーの多い子育てになります。

ところが、子どもの右脳に目を向けると、心の教育・愛の教育になり、子どもはまったく違った成長・発達を示すようになります。

右脳には、左脳とは違う能力体系があり、こちらに目を向けることで、まるで違った子育てができるのです。

仮に今、脳に障害があり、遅れがあっても、親の思いひとつで子どもをすばらしい子に変えることができます。

右脳教育では、「子どもに遅れがあってもよい」と、子どもをそのまま一〇〇点と見て受け入れようとします。

けれども、ただ「遅れがあってもよい」と受け入れるだけで、そのまま何もしないでいると、子どもからは何も出てこないのです。したがって、「何もしなくてもよい」という考え方は誤りです。

親が心をこめて子どもに愛情を伝え、必要な働きかけをしていくことが、子どもを成長・発達させる大切な要因となります。

子どもを立派に育てるのは、親の務めです。では、立派な子とは、どんな子なのでしょう。

「人間ひとりひとりが、その人でなくてはできないという使命を持って生まれてきます。人はその使命を果たすために生まれてくるのです」

子どもにはそういって育てましょう。そして、

「今、学び、身につけていく能力を、自分だけのために使うのではなく、周りの人たちのために使うこと。大きくなって人の役に立つ仕事をするために勉強するのよ。大きくなって、人を助けるような仕事をする人間になってね」

といって育ててあげてください。

七田教育でどんな子が育つのか?

これは私がよく受ける質問です。

どんな子が育つかは、子育てをする親次第なのです。

子育ては「夢育て」です。大きな夢、大きな志を育て、人をこよなく愛し、人を助ける

ような仕事をする人になってほしいと願う。親自身がそんな夢をもって子育てをしていただきたいのです。

◆子どもより、まず親の教育

現代は、子育てがとても難しい時代であるといわれます。また、最近のデータでは、妊婦五人のうち三人は流産し、生まれた新生児の四人に一人はどこかに奇形があるといわれています。脳障害児の数も増え、言葉の出ない子どもも多くなっています。

このような子どもたちをどう救ったらよいのか。それを考えるのが幼児教育であると、私は思います。

一般に幼児教育というと、幼児に知識や技術を教え込むことと思われがちです。

しかし、私は幼児教育とは、子育ての知識や技術を親が学ぶことだととらえています。子育ての大変な時代にあって、幼児教育の知識なしには、適切な子育てができるとは思えません。乳幼児への教育についてほとんど学ぶことなく子育てをすると、流産をまねいたり、奇形児を出産したり、脳障害児を育てたり、言葉の出ない子や学習のできない子に育ててしまったりする危険があります。

したがって、幼児教育とは、幼児への教育をいうのではなく、母親教育といっていいのではないでしょうか。

親が、上手な子育てを学んで、子どもが生来持っている心身ともに健全で、潜在能力の高い資質をそのまま失わせないで引き出してあげること。それが真の幼児教育です。

上手な子育てとは、子どもが生まれた時からのことをいうわけではありません。それでは遅く、流産や奇形児出産の可能性を防ぐことはできません。

子育ては胎児教育から始まります。といっても、胎児の頃から知識を教え込むことではありません。私のいう胎児教育とは、胎児の頃から心身共に健全で、生来持っている高い資質を失わない子どもを育てようということです。なかでも大切なのは、胎児の頃から、親が子どもに心を通わせることを考えなければなりません。

これからは、ますます子どもが育ちにくい時代になるといわれます。それを防ぐためにも、胎児教育は大切なことだといえます。

◆胎児教育に欠かせない三要素

胎児教育では大切な要素が三つあります。それは、水、塩、心です。おかしな取り合わせだと思われるかもしれません。

今では、私たちにもっとも身近な水道水さえもが「危険な水」になっている時代です。水道水をそのまま飲むことが流産の原因になり、奇形児出産の原因になっていることを、まだ大半の家庭で認識していません。

水道で金魚を飼うとすぐ死んでしまいます。水道水はこのように危険な水です。『病気を作る水、病気を治す水』の著者・林秀光先生は、水道水は「活性酸素を含み、万病の最大の原因になる水だ」と書いておられます。

塩もまた同じことがいえます。塩は昔ながらの自然塩が少なくなり、多くの家庭の食卓にはナトリウム塩が置かれています。これは大きな問題なのです。

妊娠三ヵ月で流産するのは、羊水が変化するからです。人間の羊水は海水の成分と同じだといいます。ところが今では摂取する九九％がナトリウム塩です。これにより羊水が汚染されて成分が変わってしまいます。すると、赤ちゃんは一ヵ月までは大きくなりますが、それ以上大きくなれずに流産してしまうのです。奇形児出産もまた、羊水の変化が原因のひとつだといわれます。

自然な塩と同時に、きれいな水を飲むようにすることも大切なことです。水は万物の根源です。受精卵の九〇%は水ですが、この水がきれいであれば、奇形児は生まれるはずがないのです。

次に大切なもの。それが心です。

心はいつから人の体に宿るのでしょうか。それは受胎の瞬間です。精子にも卵子にも心があります。受胎したばかりの受精卵にはもう心が動いているのです。そして、心の動きは、脳を超え、言語を超え、時空を超えます。

これは現代では常識です。まだ頭がろくに出来上がっていない妊娠一~二ヵ月の胎児に、もう心が動いていることを、多くの医学者たちが語るようになっています。人間が持つ孤独感や疎外感などは、実は胎児期に根ざしていることも明らかになってきました。

現代の親たちの子育てを難しくしている原因のひとつに、この胎児期の心の問題、疎外感があります。子どもがよく育たない、子育てが難しいなど、子どもの教育に悩む母親に、子育てを胎児期から取り戻していただくと、親子関係がすっかりよくなり、すてきな子どもに一変することがよくあります。

胎児期からの心の取り戻し。その方法は次のとおりです。

子どもをしっかり抱きしめて、目と目を合わせながら、子どもに妊娠中にさみしい思いや辛い思い、悲しい思いをさせたことをしっかり謝ります。

そして、親である自分がいかに子どもを愛しているか、心から愛情を伝える言葉で語りかけるのです。

これで子どもは一変します。この方法によって、胎児期にこんなにも辛い思いをさせていたのかと気づく母親がどんどん増えています。子育てがとても難しいと悩んでおられる場合、この胎児期からの心の取り戻しの方法を試してみたらいかがでしょう。

◆子どもの心を育てて潜在能力を引き出す

子どもには本来、すぐれた潜在能力が秘められています。「この子はダメ」という子どもは一人もいません。それなのに子育てを難しくしているのは、子どもを知的に賢く育てようという思いばかりで子育てをするからです。何かをできるように育てようとするのではなく、母親自身が子育ての心を育てることに全力をあげることが大切です。

幼児教育とは、親と子が一体感を得ることです。そのための知識を親が学ぶことが幼児教育です。

母親が子どもに愛情を伝え、一体感を持つことに成功すると、子どもは変わり始めます。

子どもが心を開くと言葉が出始め、テレパシーの能力を示し始めたり、すぐれた記憶力をあらわすようになります。子どもは心を開くと、すぐれた右脳が使えるようになるのです。

すると、働きの悪い左脳で学習するのではなく、天才脳である右脳を使って学習できるようになります。遅れていた子どもが一変して、賢い子どもに変わるのです。

子どもに本来あるすぐれた潜在能力は、親がその存在を知らず、引き出し方を知らないでいると、子どもは一生その能力を埋もれさせたままで終わってしまうでしょう。

◆早期教育は悪いのか

平成六年、ある新聞に、「早期教育を受けている子どもは、受けていない子どもより発達度が低い」という調査結果が掲載されたことがありました。

その新聞では、文字を覚える方法を「体験認知型」と「パターン認知型」に分けて、体験型一〇人、パターン型一一人、合わせて二一人の子どもを調べて、その子どもたちの発達を情緒性、自発性、運動性、認知性、言語性、社会性の六つの領域について調べた結果なのだそうです。

しかし、それだけで、早期教育は悪いという結論が引き出せるものでしょうか。

体験認知型とパターン認知型では、体験認知型がすぐれているのが事実であることはわかります。このことは、私もすでに四〇年前から指摘していることです。

たとえば、幼稚園で漢字カードをフラッシュして覚えさせるパターン学習がはやっています。

しかし、これでいくら漢字をたくさん覚えても、これだけでは本を読む力にはつながりません。それよりも体験したことにそって文字を覚えていくほうが、文字を読んだり、本を読んだりする力が大きく育ちます。

したがって、この両方をバランスよく取り入れることが大切なのです。

私の行なっている七田教育は、体験型とかパターン型とか、どちらかに区別されるものではなく、バランス教育なのです。七田教育を受けている子どもたちは、体験型でもパターン型でもない、その両方を超えたもうひとつのよい型になるはずです。

七田教育では、決して一つに偏った教育ではなく、情緒性、自発性、運動性、認知性、社会性のすべてを考えた子育てを行います。

全人格的な教育。それが七田教育の特徴です。

◆昔からある早期教育の是非論

早期教育の是非については、昔からいわれている問題です。

前述の新聞のように、わずか二一人の子どもを調べて、しかも偏った分け方をして、それで結論を導き出してよいものでしょうか。

ここに一九七六年に東京の小学校一一校、一〇九二名について行われた調査があります。これは、幼児の文字を読みはじめた時期と入学後の成績に関する調査です。

調査というものは、このようにできるだけ多い人数で行うべきです。そうでないと、間違った結論を引き出しやすいものです。

ひらがなを読みはじめた時期	すくすく伸びている	普通	おくれて落ちこぼれる
二歳	2%	1%	0%
三歳前半	15%	7%	5%
三歳後半	19%	13%	6%
四歳前半	26%	26%	19%

四歳後半	16%	19%	11%
五歳前半	19%	19%	27%
五歳後半	3%	15%	30%
それ以後			2%

この表を見ると、二歳、三歳で文字を読み始めた子どもたちのなかで落ちこぼれる子どもは少なく、四歳、五歳と上にいくにしたがって、文字を読み始めるのが遅いほど、学力が低く育つことがわかります。

落ちこぼれていく子どもの約六割が、五歳になって文字を読みはじめたという事実に目を向けてください。

一九八六年の『教育心理』第九号には、成績不振児の理由を調べた調査票が載っています。これは小、中、高の男女総数九八五七名について調べた大がかりな調査でした。

これを見ると、成績不振児を育てた親は、就学前教育、つまり早期教育には反対で、消極的であった事実が浮き彫りにされていることがわかります。成績不振児九八五七名の**九八・一%**である九六六八名の親が早期教育には反対と答えていたのです。

◆イメージを育て、右脳を開いた子ども

七田式の右脳のイメージ教育で子どもがどのように育っていくのか、体験記のなかからご紹介してみます。

滋賀県　U・Kさんの体験記より

〈二歳でちびっこ俳壇に入選〉

娘は一歳一〇ヵ月の頃からイメージでお話を作るようになりました。

夜、空を眺めていた娘に、月が見えないので、「お月さん、どうしたのかな」と訊くと、「雲が隠したんだ」と答えた後、突然に「お月さん、食べちゃったんだ」といって自分の口を指すのです。

おもしろいなあと思って、「本当だね」と娘に合わせていうと、「お月さま取って、コネコネ丸めて食べちゃったの」と話してくれました。

その話を私が絵本にして、読んで聞かせると、娘はとても喜び、ますますいろいろな話を作ってくれるようになりました。

二歳を過ぎると、俳句や川柳を作るようになり、

「ゆうちゃん　ぶらんこしてる　はるのかぜ」

の句がちびっ子俳壇に入選し、新聞に載せていただきました。それを見て娘はまたまた喜び、しばらくは俳句に凝っていました。

これと並行して、俳句や詩の暗記をやり始めました。私が意識してやらせたわけではなく、これまでカードで見せていた俳句を、娘が一人で口に出し始めたのです。

私が作者名をいうと、娘が句をいいます。これには周りの人も驚いていました。でも、私には当然のことのように受け取れました。むしろ驚くのは、娘のESP能力や感受性のすばらしさです。でも、これには周りの方はあまり関心を示してはくれませんでした。

三歳になりますと、こちらから働きかけなくても、いろいろなことを苦労もなく覚えたり、書いたりするようになりました。

まず記憶法です。カードをパッと見せ、次々に伏せていきます。最初は二枚のカードから始めて、三歳四ヵ月には三〇枚になりました。詩の朗読も二～三回詩を聞いただけでスラスラいうことができます。こういう働きかけも、だんだんにこちらの手が省けていくのです。

※　ESP（エキストラ・センソリ・パーセプション）……普通、超感覚とか第六感といわれるが、実は右脳の感覚。テレパシー、透視力などの、超常的に見える能力のこと。

〈親がついていけない娘のイメージ遊び〉

それと、三歳を境にイメージトレーニング（P34　コラム1参照）を始めました。イメージの中でいろいろなところに行って遊ぶのです。

しかし、これも私がつきあうのはたまにしかやりません。娘は毎日、一人で遊ぶ中でやっていますが、これは子どもなら誰でもする「ごっこ遊び」の延長のようなものです。

そのうち、自分が他の誰かになって、プリント（P37参照）をしたり、英語を話したりするようになりました。

遊びの中で娘は、すてきなやさしいお姉ちゃんに遊んでもらったりした日は、自分がそのお姉ちゃんになるのです。他にも、絵本で好きになった男の子になったりとさまざまですが、決して悪い子にだけはなりません。

娘は自分の中で理想とする人間に変身するようです。あまりにリアルに、しかも一日中他の子になっている日もあって、親として悩んだこともありました。

他の子になっているからといって、悪いことをするわけではありません。むしろとてもよい子なのですが、親のほうが娘のイメージ遊びについていけなかったのです。

〈ますます「超能力」を発揮〉

悩んだあげく、七田先生にご相談させていただきました。その結果、娘のイメージ遊びをいい方向で活かすことにしました。たとえば、クリストファー・ロビンになっている時は英語で話し、まりちゃんの時はお勉強をスラスラするという約束を娘と交わし、外出の時には娘本人に戻ることを決める。これはすべて七田先生のご指導によるものでした。

先生のご指導には本当に助かりました。イメージ遊びと他の働きかけを結びつけるという簡単なことが、どうして思いつかなかったのでしょう。

それ以後、娘はいろいろなイメージ遊びをしているうちに、イメージの中に友達ができました。その子と一緒にプリントをしたり、本を読んで遊んだり、イメージの中の海や野原で遊ぶのです。プリントもちゃんと二人分用意して、娘が友達に教えるという形で、二人分やったりもします。そうして遊んでいる時の娘は、おだやかでやさしいお姉ちゃんという感じです。

イメージ遊びが豊かになってくると、今度は**ESP遊び**（P52　コラム4参照）の正解率が上がりました。予知はよくしていましたが、カードの透視遊びは今ひとつだったのです。でも、今ではESPカードをほとんど当てることができます。四角と丸をたまに間違う程度です。

それも瞬時に当てるのです。あまりにすぐ当てるので、「ゆうちゃん、見えているの？」と訊きました。「うん」と答えますので、「ずるっこだなあ」といいますと、「だって見えるもん」と不思議そうにいい返します。

彼女は透視力で確かに見ているのです。

私とのテレパシーごっこも一〇〇％正解です。色、形、物ならすべて当ててしまいます。とくにおでこをくっつけるとすぐに見えるようです。

主人と三人でＥＳＰカードで遊ぶ時は、あまりに娘が早く答えすぎるので主人が、「わかっていても黙っててといってるでしょ」とムキになるほどです。

こうなると、カルタ取りもイメージで取るため、初めてのカルタでも半分くらいはパッと取ってしまいます。

ピアノもやり始めて一ヵ月もすると、自分で譜面を読んで弾いてしまいます。私が弾く曲を聞いただけで、完全ではないとはいえ、合わせて弾くこともできます。

英語は、アメリカ人の先生のところに行って一時間遊んで帰るだけです。ちなみに先生は日本語はしゃべれない方です。でも、先生が何をおっしゃったか、すべて娘が伝達してくれます。

たまに私が早く迎えに行った時など、中で待たせてもらうのですが、先生と娘が会話しているのを見てうらやましくなるほどです。

先生は「小さいせいか、英語と日本語を区別する意識がまったくない。とてもナチュラルだ」とおっしゃいました。

〈子どもに親が育てられた〉

娘はとにかく何につけても楽にこなしてしまうのです。いつのまにかこんなふうに育ってしまったという感じで、友人たちに「どうやって教えるの？」とよく尋ねられます。私はいつも「胎教と〇歳教育のたまものよ」としか答えようがなく、七田先生のご著書を貸してあげたりします。

ただ最近思うことは、こういう能力はすべての子どもたちが持っているということです。その能力をすこやかに育て、美しい心や、感動できる心を育ててやりたいと思うのです。親から見て、娘のもっとも誇れるところは、とても思いやりがあるということです。決してドッツ（P43　コラム2参照）ができるとか、記憶力がすぐれているとかではありません。

もちろん、こういうことが、娘への働きかけのなかで大切なことだというのはわかります。でも大事なことは、それらを通して親と子の深い絆ができたと思えることです。

娘が、私が疲れている時などにねぎらいの姿勢を示したり、小さい子やお年寄りにやさしい態度で接してくれる時、本当にありがたく思います。時には、私のほうが娘を見て、わが身を恥じることすらあるほどです。

ここまで手さぐりで必死に子育てをしてきましたが、今ではその過程のなかで、私自身も育てられていたことがわかりました。

〈コラム1〉

イメージトレーニング

イメージとは、心のなかに思い浮かべる姿や情影、心像のことであるが、ここでいうイメージとは、はっきり映像として目に浮かぶイメージのことをいう。

目の前のスクリーンにはっきり映像を導き出すことができるようにするのが、イメージトレーニングである。

イメージトレーニングは、瞑想、呼吸、暗示、イメージという順序でイメージを導き出すようにする。

通常の意識では、目を閉じてもイメージが見えることはないが、瞑想（目を閉じ心を落ちつける）し、深呼吸し、「○○が見えてくる」と暗示し、イメージさせると、閉じたまぶたの裏に映像が見えてくる。普通の意識のとき、脳波はβ（ベータ）波であるが、イメージトレーニングをすることによってα（アルファ）波、θ（シータ）波に変わる。すると、自然に目を閉じていても夢を見るように、映像を見ることができる。

＊　＊

イメージトレーニングは、体の動きをともなうイメージトレーニングからがもっとも入りやすい。たとえば、次のようにイメージしてみよう。

瞑想、呼吸をして、体と五感をリラックスさせる。それから、手で何か包む格好をして、そのなかに風船があるとイメージする。その風船に空気が入って、どんどん大きくふくらんでいくとイメージする。

風船がふくらむにつれて、両手が左右にどんどん離れていくことをイメージする。風船が大きくなって両手がいっぱいに広がってしまったら、今度は風船の空気が抜けてどんどん小さくなり、それにともなって両手が近づいてくるとイメージする。

手がしっかりくっついてしまうと、心の緊張がすっかりとれていて、とてもくつろいだ気持ちになっている姿をイメージする。

次に、額に意識を集中して、そこがくすぐったくなるイメージをする。すると実際に額（第三の目があるところ）がムズムズしてくるのを感じるはずだ。これを「アリのくすぐり」という。

それから閉じた目の後ろに、紫色の雲があらわれるというイメージをすると、実際に紫色の雲が見える。そうなれば、イメージが見えるのはあと一歩である。紫色の雲が破れて映像

イメージトレーニングは、まず体の動きをともなうことから始める。子犬になったイメージで“ごっこ遊び”をしている

が見えるというイメージをする。

これは自分でイメージしていくやり方だが、他の人にここに書かれているとおりに暗示してもらいながらトレーニングすると、もっと早くイメージが見られるようになる。または、暗示のテープを聞きながらトレーニングしてもよい。

＊　＊

右脳トレーニングの第一歩は、このようにはっきり目に見えるようにイメージが描けるようにトレーニングすること。

このトレーニングで一番やさしい方法はESPトレーニングである。潜在能力を開くには、ESP遊び（P52　コラム4参照）をして、右脳の五感訓練をするのがよい。

何をやらせても楽にこなしてしまう娘のこれからの成長が楽しみであり、これからも何か自分が役に立ってあげられることはないかと日々考え、同時にまた私自身も成長していくのかもしれません。

七田先生のおっしゃる「イメージを育てる」「右脳を開く」ということは、こういうものではないだろうかと、今頃になってやっとわかったような思いがしています。

◆子どもの質を高める

前出のU・Kさんの体験記のなかにもあった「プリント」とは、七田教育のプリント学習のことです。

七田式プリントは、「ちえ」「もじ」「かず」の三つからなっていて、それぞれにねらいがあります。

ちえプリントは、子どもに考える能力と短い時間のうちに集中して問題を処理する能力をあたえることがねらいです。思考力、集中力、社会や自然についての常識も養います。

もじプリントは、正しい読み書きの力を育てます。子どもの高い資質を育てるには、何にも増して国語の力を育てることが大切です。

かずプリントは、指を使わずに、たし算、ひき算をする基礎能力をあたえます。

このプリント学習は、七田教育の大切な柱の一つであり、幼児の資質を高めるのに最適なものだといえます。

用いられるプリントは、幼児の成長の発達と成熟に必要な条件を満たすために、ゆるやかな段階を持って一歩一歩高みに上がっていくように工夫されています。

また、幼児の成長の段階にそって、切れ目なく先へと続き、途中で絶え間がなく、また「繰り返し」を含んだものになっています。

幼児たちは毎日この条件を満たすプリントに取り組むことで、いつのまにか大変に高い資質を身につけてしまいます。一歩一歩の歩みが、やがては高みにまで到達する力になるのです。

子どもの質を高めるには、やさしいことを繰り返して基礎能力を養うことと、毎日の継続です。一日の休みもなく続けることが必要な条件となります。週に二、三日は休むというやり方では、幼児のもともと持っている高い質は失われていきます。

休みを多くとるほど、幼児の失われる質は大きくなってしまうのです。

そこで、毎日子どもの質を高めるための働きかけの道具が必要になります。これが七田方式のプリントというわけです。市販の絵本や雑誌、プリントには、先に述べた工夫がなく、一冊の本が一週間ほどで終わってしまい、後が続かないので効果があがりません。

子どもの発達には条件があります。

発達は段階を追ってなされるものです。ひとつの段階から次の段階へ発達するためには、前の段階での成熟が次の発達へ進む必要条件なのです。そして、成熟のためには、繰り返しが必要です。

やさしい繰り返しと継続。この二つが子どもの質を高くする必要条件であることを、よく知っていただきたいと思います。

◆繰り返しの効果

やさしい繰り返しとは、「急速に高みへと連れていこうとしない」「先へ先へと急がない」ということです。むしろやさしい基礎を一〇〇回、二〇〇回と繰り返すほど、高い基礎能力が育ちます。これが後になって、より大きく伸びる力になるのです。

繰り返しによって成熟が行われ、次への発達がスムーズに支障なく行われます。先へ急ぐと、繰り返しの不足のために、成熟はいい加減になり、先へ進むにつれてそこが傷になってしまいます。

たとえば、小学校六年生で算数に落ちこぼれている子どもは、その子が通過した低い部分(一年生、二年生、または三年生の頃の基礎能力にあたるところ)に傷があるのです。徹底した繰り返しをせず、成熟しないままに先へと進んだために、基礎能力が育たないまま成長してしまっています。

それを取り返すためには、基礎能力の欠けているところから繰り返しをして取り直していけばいいのです。やさしいところの繰り返しが基礎能力を育て、次への段階へ進むことを容易にします。

繰り返しの多い子と少ない子では、繰り返しの多い子ほどよく成熟し、後々より高いところへ楽に達することができます。

したがって、他の子と比較して「うちの子は遅れている」と焦るのはおろかなことです。そこで焦って先へ進めようとするよりは、じっくり繰り返しを行なって、現在の成熟をはかるほうが、後になって、進んでいた子を楽に追い越すことになります。

◆ 小学校教育も楽にこなす

幼児期に七田式の教育を行うと、小学校に入ってどうなるのか。小学校教育はどのように続けていけばよいのか。これは私がよく受ける質問です。

七田教育は幼児期にすぐれた資質を育てますから、子どもたちは高い目標を持って自分から学ぶようになり、小学校に入ると学科を楽にこなしていけるようになります。

これを実例で紹介してみましょう。

七田チャイルドアカデミー徳山教室　村山宏子先生の報告

イメージ力(右脳能力)を開く大切さは、折りにふれて七田先生に教えていただいて、理論ではわかっているつもりでした。でも、子どもたちが学校に上がって、実際にどういうふうに役立つのかがわかっていませんでした。

それを教えてくれたのが、小学校二年生になるY・Aくんです。彼は二歳になる前から、私の教室に通っていた子どもでした。

Y・Aくんは小学校二年生の最近になって、右脳のイメージ力を日常生活に役立てるようになったのだそうです。算数の問題を解く時は、まずドッツの玉が頭に浮かんできて、その後で数字が浮かんでくるので、その答えの数字を書きます。国語の文章問題を解く時は、文章の中の答えのところが白く浮かんでくるので、それをいうのだそうです。工作の時間は、あらかじめ完成されたイメージが浮かび、それを作ればいいのでとても便利だといいます。

また、Y・Aくんは小学校に入ってそろばんを習い始めたのですが、暗算する時に、そろばんの球ではなく、ドッツが浮かんでくるので、少しやりにくいそうです。これはまだそろばんに接している時間が短いからだと思います。

Y・Aくんのイメージ力を上手に引き出してあげたお母さんが心がけていたことは、

・よいところをほめる。

・ドッツを途中であきらめない。

の二つだったそうです。あらためて右脳のイメージ力のすばらしさを実感しました。

今後は、クラスのすべての子どもたちに、イメージを実際に役立てることのすばらしさを指導していきたいと思っています。

このように、右脳教育を受けた七田教室の子どもたちは、学校に上がってからの頭の働きが他の子どもたちと違います。

ドッツカードでどっち遊びをしているところ。講師が39と38のドッツカードを見せて「38はどっち？」と訊ねて、子どもたちに当てさせている

〈コラム2〉

ドッツとどっち遊び

ドッツとは英語で「点」のこと。ドッツカードは、厚紙に点（ドッツ）が一〜一〇〇までランダム（無秩序）に印刷されたもの。

このカードを子どもに、一日一〇枚、絵カードとともに一枚一秒の速さで数をいいながらめくって見せる（高速フラッシュといい、カードフラッシュという）。これをカードフラッシュといい、カード自体をフラッシュカードという。

どっち遊びは、まだ言葉の出ない〇歳児の子どもでも理解を示すことができる遊びで、次の三つの段階がある。

1　どっち？と聞いて当てさせる〜どんな小さな子どもでもできる

2　合わせる〜同じものを合わせる遊び

3　言わせる〜ただし、最初からいわせると難しい取り組みになる

これまでの左脳教育は、頭の働きはそのままにして、知識を教え込むことが主でした。七田式の右脳教育は、これまでの教育とはまったく違います。子どもが本来持っている高い潜在能力を引き出し、その能力によって高度な学習を可能にする教育です。

過去にそのような頭の使い方をしていたのは、ひと握りの天才と呼ばれる人たちだけでした。これからの右脳教育では、過去の天才たちと同じ頭の働きができる子どもたちをどんどん生み出していくでしょう。

◆楽しみながら学ぶ子どもが育つ

世間では、全人教育と英才教育は対立するものと考えられています。英才教育では心がゆがむと考えるのです。英才教育をすると、必ず心がゆがむのでしょうか。そんなことはありません。世間でいう「英才教育」は、知的な教育に偏ってしまい、子どもの心を見ることができなくなってしまうのがいけないのです。

知的な教育とともに、心の子育てを実践すれば、問題はまったくありません。知的なうえに心やさしい子どもが育ちます。それに加えて、小さな子どもたちは、周りから自然に学んでおり、学ぶことはとても好きなのです。こちらはその学びたい気持ちを満たしてあげるのであり、無理強いして学ばせるのではありません。

悪い勉強法は、本来持っている能力を引き出すことなど知らずに、限られた容量の頭に、受験のための知識を無理やり詰め込ませる教育法です。これは味気ない勉強法なので、子どもの感性や創造性を押しつぶし、自分では考えようとしない主体性のない子どもを育ててしまいます。

今の日本の教育は、自ら伸びていく子ども、自分から求める子ども、物事に対して主体的に取り組もうとする、創造性のある子どもを育てることを目標にしています。

ところが、これとはまるで反対の子育て法や教育法が幅をきかせています。だからこそ、合格までの勉強で燃え尽きてしまう「燃え尽き症候群」の子どもたちを多く生み出しているのです。

受験勉強は決して悪いことではありません。能力の高い子を育て、楽しく遊ばせた結果に集中力、記憶力、感性、創造性を育てるという勉強なら、何の問題もありません。これなら、子どもは楽しく遊び、自分で考える力を育て、楽しく学んだ結果が感性を育て、創造性を育て、受験に合格してしまうのです。

こんな子どもたちは、決して勉強が嫌いではなく、勉強するのが楽しいという子どもたちです。私のいう「全人的な教育ですぐれた才能を持つ子ども」とは、こんな子どもたちのことなのです。

◆発達障害が改善される

ここでは、障害がよくなったという子どもたちの例を七田チャイルドアカデミー教室の先生や子どもさんのお母さんのレポートをとりあげてみましょう。

■言葉遅れの子どもたち

東京本部教室　庄司かおり先生

私は一九九七年四月から、二歳七ヵ月のR子ちゃんを受け持っています。彼女は言語発達の遅滞(母音がやっと出せる)、壁に自分の頭を打ちつける自傷行為などがあり、抱っこしようとすると嫌がり、視線は時折合わせるだけという子でした。

レッスンは約半年の間、月齢の低い子どもたちと同じグループで行いました。

お母さまは、わが子の遅れを認めたくない気持ちでいっぱいで、私が砂糖の害についてお話ししても耳を傾けてはくださらず、言葉の遅れは聴覚に問題がありそうなので耳の検査をすすめても、同意はしてくれませんでした。

それでも八月になって、やっと都内の総合病院にR子ちゃんを連れていき、検査を受けたところ、「耳や口、のどには異常は認められず、言語発達遅滞」と診断されました。

そこでお母さまに、マッサージの大切さ、感覚運動のやり方を伝えました。また、私もレッスン中にほんの数分、ホホバオイルを使ってマッサージしたり、運動をさせたりした結果、R子ちゃんは初めて、「こんにちは」といってくれました。

このマッサージには驚くほどの効果があり、R子ちゃんと私との信頼関係が急に深まり、自分から抱っこを求めてくるようになりました。

それを機に、私もR子ちゃんの言葉を積極的に引き出したいと思うようになりました。実際のところ、それまでは障害を持つ子どものレッスンには自信がなく、確信が持てなかったのです。R子ちゃんの目に見える成果のあらわれは、お母さまだけでなく、講師の私にも喜びと自信をあたえてくれました。

九月からは、R子ちゃんの個人レッスンが始まりました。すると、一週間ごとに大きな違いが目立つようになりました。まず、R子ちゃんに話す意欲が出てきました。私が「バナナ」というと、その後に続いてR子ちゃんも「ナ」といいます。また、自分の名前をお

〈コラム3〉

感覚運動

感覚運動は、子どもたちの感覚を育てる運動遊びである。

感覚には、前庭感覚、固有感覚、触覚、聴覚、視覚があり、それらを育てる運動がある。詳しくは、次表のとおり。

感覚入力プログラム

前庭感覚	1. 寝返りごろごろ 2. でんぐり返し 3. 抱き上げぐるぐる廻り 4. 回転いすに座らせて廻す 5. トランポリン 6. ブランコ 7. 滑り台 8. ハンモック 9. ゆれ木馬 10. 動く乗り物に乗せて引っ張る 11. 高い高いをする
固有感覚	1. 手足の曲げ伸ばし 2. 手押し車を押させる 3. 腹這いの姿勢から飛行機の格好をする 4. 棒にぶら下がる 5. ハンドルを廻す 6. 荷物をもって歩かせる 7. 荷物をかつぐ 8. せっせと歩かせる
触覚	1. ぎゅっと抱きしめる 2. そっと抱きしめる 3. 乾布まさつ 4. くすぐる 5. 肩や背中をとんとん叩く 6. 手をつなぐ 7. 髪の毛をブラッシング、刷毛や歯ブラシ、スポンジなどで手や足を刺激する 8. だっこ 9. おんぶ 10. お風呂に入れる 11. プール遊びをさせる 12. 手のひらに氷を乗せる 13. ごっつんこ 14. おしぼりで顔や体をふく
聴覚	1. 言葉を豊かに聞かせる 2. 一つ一つの名称を教える 3. 歌って聞かせる 4. 音のする玩具で遊ぶ
視覚	1. いないないバア 2. かくれんぼ 3. ボールころがし 4. しゃぼん玉 5. 暗い部屋の中で懐中電灯で遊ぶ 7. ゆらゆら回転するモビール遣い 8. オルゴールメリーを吊るす

前庭感覚とは、自分の体が地球の引力の方向に対してまっすぐか、傾いているのか、さか

さまなのか、止まっているのか、動いているのか、止まりつつあるかに関する感覚のこと。耳の奥にある「前庭受容器」がその働きを受け持つ。

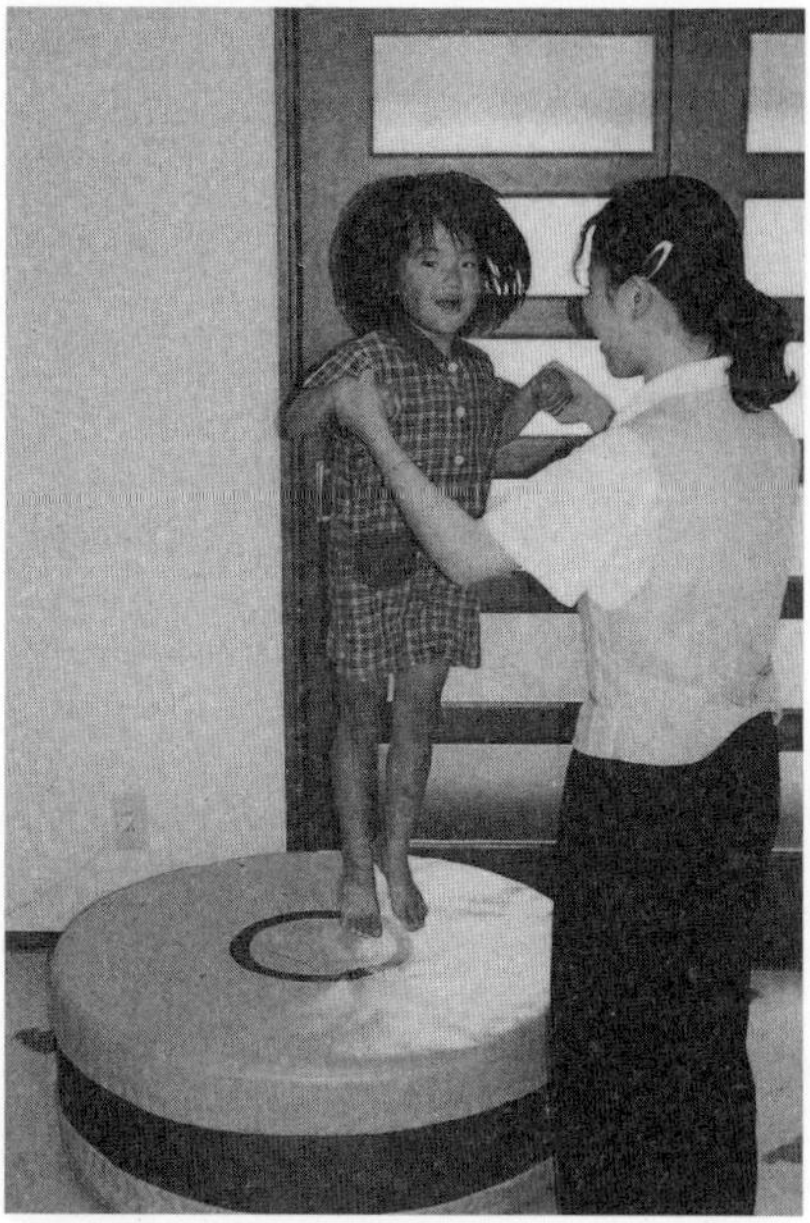
感覚運動のうち、前庭感覚を養うトランポリンを行なっているところ

固有感覚とは、他のすみずみの筋肉における伸張、収縮のぐあい、関節の曲がり方、伸び方、腱の状態などに関する感覚のこと。

母さまと一緒にいおうとします。これまでは「パーイ」だったのが、「バイバイ」といえるようになりました。言葉が着実に増えてきたのです。

R子ちゃんの変化は、まだ始まったばかりです。これからを楽しみにレッスンを続けます。

板橋南教室　田ケ谷康弘先生

八ヵ月前、Yくんという五歳四ヵ月の男の子が入室してきました。彼は一二〇〇グラムの極小未熟児として生まれ、後遺症として運動機能低下、顔面一部麻痺があり、知能は二歳半から三歳レベルで、他の幼児教室に行ったところ、手に負えないと断られ、私どもの教室に来たのでした。

さっそくマンツーマンの授業がスタートしました。

Yくんは、一切の読み書きができず、数量の認識もほとんどできていない子でした。

その反面、右脳的な面では音楽に合わせて歌ったり踊ったり、クレヨンで色彩豊かな絵が描けるという一面はありました。

プログラムは、年少児以前のものを用い、何よりも右脳部分に刺激を多く入れる取り組みをしました。

具体的には、一回のレッスンで五〇〇枚のカードを高速フラッシュして見せ、一日に五回右脳の感覚遊び（ESP遊び）を自宅でやってきてもらい、その統計を一〇〇日間、記録してもらいました。

講師が抱っこをたくさんしてあげ、目と目を合わせて笑うなど、何よりも心を育てる七田教育の基本を踏まえて、少しずつプログラムを消化していきました。

その結果があらわれ始めたのは一ヵ月ほど経った頃で、まずYくんの顔つきが変わってきました。保育園の先生や周りのお母さま方が気づくほどでした。

入室してから二ヵ月半経った時に、園で催されたカルタ大会で一番になり、人々を驚かせました。

その頃には、右脳の感覚遊び（透視の遊び）が一〇〇％近く当たるようになっていました。

その後のYくんの成長は目ざましいものがありました。彼は生まれてからずっと、未熟児の経過を診てもらうために、半年に一度のペースでT女子医大病院に通っていました。ところがつい先日、別人のように成長しているYくんを見て、主治医の先生だけでなく教授までが顔を出して、「こんなパターンは見たことがない」と驚かれたというのです。

そして、この半年、どんなことをしたのか、七田教室での取り組みなど、いろいろなことを聞かれたそうです。

検査の結果、Yくんは知能も六歳レベルに達し、正常とのこと。運動機能も、階段の昇り降りで交互に足を出すことが苦手だったのも、普通にできるようになり、ジャンプもで

〈コラム4〉

ESP遊び

ESPとは「Extra Sensory Perception」の頭文字をとったもの。通常、ESPは超感覚と思われているが、実際には右脳感覚である。左脳に五感があるように、じつは右脳にも五感があるのだ。

子どもたちは、ESP遊びのなかで、右脳で感じて見る、聞く、感ずる、嗅ぐ、味わうなどの五感をすべて体感する。右脳ではこの五つの感覚が、よく共感覚(学問的にはシネステジアといい、二つ以上の感覚が連なって出てくるもの)という形であらわれる。

ESP遊びは、写真のような○＋≋□☆の五組のESPカードを使って行う。

そのやり方は、瞑想、呼吸をして、脳波をα波にして右脳が使える状態になったあと、暗示を入れて透視遊びをする。

ＥＳＰカードによるＥＳＰ遊びは、５組のカードを裏表にして、カードをめくって合っているかを確かめ、透視能力をつける

写真のように並べた五枚のESPカードと同じ五枚のカードを手に持ち、その一つひとつを、心をしずめ、透視して、何のカードかを感じ、並べたカードに合わせていく。合わせ終わったあとカードを開いて見て、正しく合っているかどうかを確かめる。

はじめはなかなか透視できないが、続けていると一〇〇%正しく透視できるようになり、がぜん子どもの能力が一変する。

＊　＊

ESPとは、すべての人の右脳に普遍的に働く大脳のメカニズムである。この能力は、人間が通常使う左脳の五感に対して、古くから「内在的感覚」といってきた。また、テレパシー、透視力、触知力、予知力を総合してESPといって、超能力あつかいをしがちだが、それは次のような理由による。

まずテレパシーは、人と人が離れた距離に

いて、言葉によらず心と心が通じ合う現象。そこには、科学のうえで情報を運ぶ既知のエネルギーを見出しえないため、超能力的に見える。

透視は、たとえばトランプのカードをよく切って裏にして、絵柄を見ないで何のカードかを当てるというもの。これも科学では説明がつかないため超能力といわれる。

予知は、前もってこれから起こることを知ること。これも現代の物理学からするとわけのわからない能力。それらの情報を運ぶエネルギーを見つけることができず、科学では説明がつかないため、超能力的と見られてしまう。

だが、ニューサイエンスでは、それらを伝えるエネルギーは存在すると考えている。そのエネルギーとは宇宙エネルギーであり、気と呼ばれ、プラナと呼ばれ、オルゴンと呼ばれ、波動と呼ばれるものだ。

科学は目に見えないものを研究対象にはしない。しかし、この世は目に見えるもの（10^{-20}cm以上の粒子）と、目に見えないもの（それ以下の粒子）から成り立っている。ところが科学は目に見えない世界、超ミクロ(超微粒子)の世界に弱いのだ。

しかし最近、素粒子物理学者は、最新の設備と莫大な研究費と時間をかけて、物質の究極的な構成要素(基本粒子)は素粒子であると同時に、波動の性質を持つと結論づけた。

ミクロの世界を追求して行きついた先が、素粒子の波動だったというわけだ。ＥＳＰを伝える情報エネルギーは、じつは目に見えない波動だったのだ。

テレパシーは、振動で伝わる心の波動なのだ。そして波動はエネルギーである。物質の究極は波動であり、すべての究極的な要素は波動で、あらゆる物体は固有の振動数を発していて、脳は周りの波動に対してピアノの鍵盤のように共鳴する。

＊　＊

ＥＳＰを科学の領域に押し上げたのは、アメリカ、デューク大学のライン博士。彼はカードテスト法やサイコロ投げの確率や統計学的な処理によって、はじめてＥＳＰを科学的に証明した。これにより一九六四年、米国超心理学会は米国科学振興会への加入を認められ、ＥＳＰは科学として正式に承認された。

ＥＳＰ能力が、とくに右脳のイメージ力とかかわる大切な機能であることが認識できれば、これを子どもの教育に欠かすことのできない授業内容のひとつとして、ＥＳＰ遊びという形で取り上げるのがよいだろう。

ＥＳＰは右脳能力基本能力であり、ＥＳＰ遊びによってイメージを育てることで、他のあらゆる右脳の能力を連鎖的に開くことができる。

きるようになりました。

現在のYくんは、教室では年中クラスの取り組みをしており、以前は書けなかった文字が書けるようになり、小学校六年生までの漢字がほとんど読めるようになりました。

この八ヵ月、通常ではどうにもならないといわれていた障害を、Yくんはほとんど消してしまいました。

■発達遅滞の子どもたち

北海道本部教室　笹岡祐子先生

先日、発達遅滞のTくん（四歳）のお母さまから、うれしい報告がありました。児童相談所の先生から、「知能がものすごく伸びていますね」とほめられたそうです。

その経過を詳しくお伝えします。

Tくんは今年の四月に入室した子どもさんです。児童相談所の診断では、Tくんの言語は六〇、知能が七〇の段階で、このまま小学生になれば養護施設か、よくても特殊学級に入ることになるだろうといわれたそうです。

彼は、言葉はほとんど出ず、「あ」「え」と短く発語するだけです。

入室前の面談で、お母さまに右脳のことや間脳の働きをお伝えして、Tくんがよくなったイメージを毎日していただくようにお願いしていました。

四月に入室してからは、抱っこと愛撫にたっぷりと時間をかけ、何より親と子の一体感を大切にするように取り組みました。Tくんはフラッシュカードが何よりも好きで、一度に六〇〇枚ものカードをじっと見てくれました。お母さまも家庭でカードを頑張りました。

五月になって、カードで見た事物はすべてわかるようになりました。「〇〇はどれ？」と聞くと、彼は正しく指さすことができます。

六月。絵本が大好きになりました。同じ本を繰り返し読んでほしいとせがみ、読むとニコニコしながら聞いてくれます。

七月。歌の大好きなTくんは、歌に合わせて発語ができるようになりました。音感がよく、音階も正しく歌えます。童謡に自分で振付をして見せてくれるようになりました。

「ウドー（ぶどう）」「ンゴ（りんご）」など発語できる単語も増えてきました。

八月。発表会ではシルエットクイズに出場しました。「はい」と元気いっぱいにお返事をして、みごとに正解のカードを取ってきてくれました。

そして九月になりました。今ではTくんは、**対応遊びや分類遊び**もできるようになって

〈コラム5〉

対応遊び

対応遊びとは、「同じものを取って」と講師が訊ね、子どもに同じカードを取らせる遊びのこと。

子どもの知的発達は、まず、物の名前とその用途を知る弁別能力から始まるといわれている。弁別の能力がある程度進むと、その次に対応の能力が芽生えてくる。

対応の能力とは、「これとこれは同じ」あるいは「これとこれは同じ仲間である」ということがわかる能力である。

たとえば、一歳を過ぎ、言葉が出るようになった幼児に絵本を読んであげている時、ミカンの絵が出てくると、テーブルにあったミカンを指さしたり、「おんなじ、おんなじ」といったりする。このように、絵のミカンとテーブルのミカンが同じであると理解する能力を対応の能力という。

対応の能力がさらに発達すると、ニワトリとヒヨコ、カエルとオタマジャクシなどの親子がわかる能力、人の顔と手・足・体が対応していることがわかる能力、野菜同士や果物同士という仲間がわかる能力に広がっていくのである。

＊　＊

分類遊び

分類遊びとは、同じ仲間同士を集める遊びのこと。

対応の能力が少しつけば、同じ仲間どうしを対応させたり、菊の花と茎葉を対応させる「対応遊び」に進む

野菜や果実のおもちゃで、色や形、仲間同士に種類を分ける「分類遊び」をしている

対応能力の発達の次には、分類能力の発達がくる。分類には、「色の種類」「形の種類」「男の子と女の子に分ける」「果物と野菜に分ける」「動物と鳥に分ける」など、いろいろな分類がある。

たとえば色の分類で考えてみよう。赤い色紙と緑色の色紙が五枚ずつあり、それを赤は赤同士、緑は緑同士の仲間に分けるのが分類だ。

このとき、「同じ」「同じでない」というのがわかることが、分類の基本である。

赤と緑が同じではない＝違う、という概念が育っていないと、分類はできない。そこで分類の基本は、同じではない＝違う、ということがわかるようにするのが、分類ができるようになる第一歩。赤い色紙五枚のなかに一枚だけ緑の色紙を入れて、「違う色はどれ？」と尋ねる。それが正しく答えられれば、分類が正しくできることになる。

「同じ仲間でないのはどれ？」「仲間はずれはどれ？」と発問されることもある。これに答えられるようにするのも大切。「仲間はずれ」という言葉に差別を感じるとの母親の指摘もあるが、そんな言葉があることを知らないと、子どもは正しく答えられないことになる。一応、そのような発問にも答えられるようにすることも大切である。

＊　＊

右脳記憶遊び

隣り合った二つの絵カードを一つの文でつないで覚え、さらに、三枚、四枚と覚えられるカードを増やしていき、最終的に一〇〇枚を覚えていく遊びを右脳記憶遊びという。また、こ

覚えたカードを伏せて、講師の訊ねたカードをひっくり返す。子どもは自分の能力が「右脳記憶遊び」を通して楽しみながら、知らず知らず鍛えらていく

の記憶の方法をリンク法と呼んでいる。

やり方は、たとえば、カニのカードと帽子のカードを覚えるとする。そのとき、二つのカードを見せながら「カニが帽子をかぶっています」といってすぐに伏せ、伏せたカードが何であったか訊く。このようにして、覚える枚数を増やしていくのである。

この能力が進むと、カードを一瞬見せただけで、一〇〇のカードが何かを正確に思い出すことのできる瞬間記憶（写真記憶）の能力が育っていくのである。

います。

児童相談所からは、「特殊学級で大丈夫でしょう」といわれています。これからは普通学級を目標にがんばりたいと思います。イメージトレーニングと右脳記憶遊びに力を入れれば、おそらくその目標もクリアできるでしょう。

一〇月からはプリントコースも始める予定です。Tくんをこんなに大きく変えたのは、カードによる高速大量インプットだったと思っています。

阿倍野教室　佐々木京子先生

今年小学校に入学するTちゃんを一年前からお預かりしてレッスンをしてきました。彼女は自閉症でもダウン症でもなく、何が問題なのかなという感じでしたが、とにかく四歳児と同じくらいのレッスンから始めました。Tちゃんは、最初はとても親子関係が悪く、お母さまが何にでも口を出され、とにかく口やかましい状態でした。

レッスンは、イメージトレーニングを行い、お母さんにとにかくスキンシップをしてもらうように指導しました。また、四月の入学式には、Tちゃんが普通児と一緒に入学式を迎えられるようにイメージしてくださるように指導もしました。

お母さまもしばらくの間は、わが子が甘えてくることにどう対処したらよいのかわからずに、イライラされている様子でした。それでも私は、スキンシップの大切さをお話しして、Tちゃんの話を聞いてもらうように何度も指導しました。

個人レッスンは八ヵ月くらい続きました。そこで、他の子どもさんとのグループレッスンができるようになったと判断し、一歳下の子どもたちの教室に入ってもらいました。

途中、Tちゃんは言葉がどもることがありましたが、今では気持ちがよほどせいている時以外は出てきません。また、他の子どもたちとも協調できて、時には競争心を燃やしたりと、よいレッスンができています。何よりも大きな成果は、お母さまがTちゃんのことを待ってあげられるようになったということです。そして、小学校も無事に普通学級に入ることができるようになりました。七田教室には今でも継続して通っていただいています。

■ダウン症の子どもたち

麻布教室のお母さま

私の四歳の息子Kにはダウン症の障害があります。一年前に七田教室に通いはじめた頃は、先生に抱っこされるのも戸惑っていました。それが今は、先生に会うと飛びついていっ

ドーマンの療育法：脳障害の治療に画期的な療法を開拓した先駆者として世界的に著名なグレン・ドーマン博士が提唱する運動療法中心の脳障害児の療育法。

て、抱っこやおんぶを自分から要求するほど、息子は先生が大好きです。なぜかその気持ちは家族にも伝わり、あまり先生と会う機会のない主人や、上の娘も先生に好意を感じ、とくに娘はうらやましげな様子を見せるほどです。

それは、先生の心のこもった語りかけや、抱っこで築かれた信頼関係を息子がうれしく感じているためだと思っています。大好きな先生が見せてくれる**フラッシュカード**（P68コラム6参照）や歌パネルなど、取り組み全部が好きで、よく見ていることができます。

私は教室に通う前から、**ドーマンの療育法**で、息子にカードなども見せていました。でも、先生のフラッシュのスピードや導き方は私とは違い、それに息子がよく対応するので、プロとアマの違いを痛感しました。

今では先生を見習いながら、家庭で絵カードに漢字カードを加えながら見せるようにしています。息子はとてもたくさんの漢字や言葉を覚えることができました。忘れてしまうこともありますが、取り戻すのが早い気がします。

ドッツカード、国旗、百人一首、わり算など、好きで喜んでいますが、まだ言葉が上手でないので、本人は表現に苦労しているようです。

ひらがなはほぼ正確に発音でき、絵本を読んでくれたりして、私を喜ばせています。

ダウン症のモザイク型：染色体15番目の遺伝子が通常と異なり、いろいろなモザイク型をしているのでこの名がある。ダウン症のなかでも症状は軽く、正常児とほとんど変わらないくらい成長することができる。

カード作りは、毎日福祉施設に母子通園する私にとって、夜なべ仕事になります。でも、カタカナを読んだり英語も口から出てくるようになっている息子を思うと、かわいいおしゃべりを交わす日が近いのかなと楽しみながらやっています。

上の娘もカード作りが好きでよく手伝ってくれ、なんだか家族遊びのひとつになったようでもあります。

息子はかなり虚弱な体質で、ダウン症の子どもたちの中でも首の座りが遅い子でしたが、今では運動面の弱さはあまり感じられなくなりました。姿勢もとてもきれいで、よく動く活発ないたずら者です。

「ダウン症の**モザイク型**にはよくあるが、**21型**には珍しいですね」といわれることもあります。

顔にあらわれる特徴もそれほどなく、好奇心いっぱいの目を持っていて表情も豊かです。そんな姿を見て、私はいつも「七田教室を続けていてよかった」と思うのです。

福祉療育の関係者や機関も七田教育をもっと取り入れ、障害児の彼女の能力を伸ばすことを考えてほしいと思っています。

ダウン症の21型：染色体の21番目の遺伝子が、通常は2つあるのに3つあるタイプ。21型トリソミーといわれ、真正のダウン症とみられる。ダウン症にはこの型が圧倒的に多い。頭蓋は小さく、目に特徴があり、特有の顔貌を呈する。俗に蒙古症という。

◆七田教室のレッスン

ここでは七田教室のレッスンについて述べてみましょう。

何度も述べているように、七田教室では、子どもに知識を与えることを目標にはしていません。お母さんと子どもが右脳を開いて、光り輝く存在となるように、毎日のレッスンが行われます。

ところが、子どもたちはみんなもともと右脳を開いているので、お母さんたちの右脳を開くことにレッスンの目的があります。

先生やお母さんたちが、子どもの右脳を開こうと躍起になっている時は、レッスンはぎくしゃくしてうまくいきません。子どもたちはそのままで右脳人間なのだと実感してくださると、何もかもまったく自然にプラスの流れになって流れ出します。

「子どもの右脳を開こう」ではなく、「子どもと右脳を使って遊ぼう」というレッスンをしてくださるとよいのです。

レッスンのプログラムがあり、教材も用意してありますが、プログラムをこなすことが七田のレッスンではありません。

七田のレッスンは、右脳のお遊びレッスンなのです。そして、その右脳遊びの中にお母さんも参加していただくのです。

その目的は、お母さんたちの右脳を開いて、子どもたちと同じ宇宙意識に目覚めていただくことにあります。

五〇分のレッスンがすべてお遊びです。子どもたちにとっては、右脳状態でいるかぎり、カードもドッツもプリントも、何でもすべてお遊びなのです。

ところがお母さんたちは、カードやドッツを、どうしてもお勉強として身構える傾向があります。それが子どもたちにマイナスの波動を与え、子どもたちの光を消し、左脳の状態、ストレスでいっぱいの状態にしてしまいます。

大切なことは、笑顔・リラックス・プラス思考なのです。お母さんがその状態でいてくだされば、子どもはすくすくと本来の光り輝く状態で伸びていけるのです。

お母さんたちはこのことを頭では理解できるのですが、実行に移すのはなかなか難しいようです。

子どもを一〇〇%信頼した時、子どもは右脳の能力を使いこなせるように変化していきます。だから子どもを低い存在としてではなく、むしろ次元の高い存在として尊敬して接してくださるとよいのです。

〈コラム6〉

フラッシュカード

ドッツの項でも述べたように、絵カードとともに瞬時の速さで数をいいながらめくって見せることをカードフラッシュといい、そのときに用いるカードがフラッシュカード。

七田教室では、一回に二〇〇～五〇〇枚のカードをできるだけ速いスピードで子どもたちに見せる。

右脳は高速に反応するので、「ライオン」「ぞう」のように、言葉をそえてカードを大量・高速にフラッシュすることで活性化し、一瞬に記憶するという能力が育つ。同時に言葉をおぼえて、出なかった言葉がどんどん出るようになる。

札幌の七田教室に入室してきた発達遅滞の四歳児は、最初は言葉がほとんど出ず、小学校は養護学校に行くようになるだろうと児童相談所で診断されていた。

ところが七田教室に入り、母親に抱っこしてもらって、愛情と一体感をたっぷり伝えてもらい、その後カードフラッシュをすると、それが何より大好きになり、一度に六〇〇枚のカードをジッと見るようになった。

母親も家庭でカードフラッシュをがんばった。一ヵ月後、カードで見たものはすべてわかるようになった。そして、絵本が好きになり、同じ本を繰り返し読んでほしいとせがむようになった。三ヵ月後、発語もどんどんできるようになった。

カードの高速大量インプットは、子どもをすっかり変身させてしまったのだ。

絵カードを素早く見せて、瞬間的な記憶を育てる

カードフラッシュに使用する絵カード

第二章◆子どもの「超能力」をどう理解して育てるか

◆子どもの右脳に秘めたもの

生まれたばかりの子どもは、左右二つの脳によって学習し、成長・発達をしています。右脳は潜在意識の働きを秘めた脳で、赤ちゃんの時には、この脳はもうフル回転しています。その能力の偉大さは、大人の脳など比べものになりません。

ところが左脳は、顕在意識的な脳で、生まれた時はこちらの働きはまったく白紙なのです。

これまでの教育は、この脳の二面性に気づかず、大人の体系、つまり左脳の体系からのみ子どもを見てきました。子どもの潜在的能力、右脳に秘めた内面性をまったく無視して、精神的な可能性を認めませんでした。

左脳は肉体的な頭、右脳は精神的な頭です。左脳は明在型の頭、右脳は暗在型の頭といわれます。つまり、右脳には大変に高度なスピリチュアル（霊的）な働きが秘められているのです。

ところが、これまでの発達心理学は、右脳の働きをまったく無視し、

「子どもは生まれた時は、道徳性、美的感性、思考力は持っておらず、宗教的にも欠けている。子どもはこれらの機能を何一つ遺伝的資質として受け継いでおらず、経験をとおし

て徐々に獲得していく」（J・J・スミス／一九九四年）と述べています。

ところが最近になって、ようやく子どもの二面性に着目した研究書が見られるようになりました。

◆光を放つ子どもたち

カリフォルニア大学のトーマス・アームストロング博士は、『光を放つ子どもたち――トランスパーソナル発達心理学入門』という自著のなかで、子どもの二面性について次のように述べています。

「子どもは単に「肉体から上昇して」育つだけの未熟な人間なのではなく、「スピリットから下降して」この世界にやって来た、光輝く高次の意識を持つ存在である」

アームストロング博士は、これまでの発達心理学では無視されてきた子どものトランスパーソナル（超個的）な次元をはじめて解明した心理学を提唱しています。

本の中で博士は、原子力の生みの親の一人、ロバート・オッペンハイマーの言葉も紹介しています。

「街角で遊んでいる子どもたちの中に、私の抱えている物理学の、一番難解な問題を解決できる子どもがいる。なぜなら彼らは私がとっくになくした感覚的な知覚があるからだ」

この「感覚的知覚」とは、右脳に働くものです。近年になってようやくその働きが科学者たちにも広く認められるようになりました。

右脳の能力のなかでも、最も高度な働きをするのが直感です。この直感が働くのは右脳の感覚的知覚によります。

ところが、これまでは「直感は大切」といいながら、その直感を育てる方法がわからず、「直感とは魔法のようなもの」と思われてきました。

しかし、直感とは魔法などではないのです。子どもたちがごく自然に使っている右脳の能力で、訓練すれば誰でも身につけることができるものです。

◆評価されはじめた子どもの能力

子どもの脳は、未知体験の偉大な宝庫です。子どもこそ、二一世紀の鍵をにぎるキーパーソンです。

これまでにも子どもがビジョン的体験、右脳体験を示す例は多くありました。

しかし、大人はそれを単なる妄想として、子どもの考えることを、次元の低い思考としてきました。認知学者たちは、子どものそんな能力を前操作的思考（思考操作以前の思考法）として、大人の認知思考よりも劣るものとしてしまいました。子どもの奇跡的な能力や非日常的な体験を、とるにたらぬものとして、その価値を考えてみようともしなかったのです。

ところが現在、世界中いたるところで、子どもたちの非日常的体験が、報告されるようになっています。これまでの発達心理学の原則から外れ、子ども観そのものが根底からくつがえされつつあるのです。

同時に、子どもの心の深層についても多くのことがわかるようになってきました。意識に対する理解も深まり、子どもたちが示す並外れた能力は、実は誰もが到達できる能力であることもわかってきました。

幼児期は、知覚が鮮明で新鮮な時期です。この時期に感覚を磨く教育が大切なのです。幼児には大人の見えないビジョンが見えます。空想の友だちと遊び、親のすることを、見えないところからビジュアルに透視してしまいます。

最近いただいたお便りにこんな例がありました。

お子さんが一歳半の時のこと、お母さんが私の著『驚異の胎教』を読み返そうと、表紙の絵をイメージしながら、丸二日間探したのですが、見つかりませんでした。

困っていると、お子さんが、机の下に入って何やらゴソゴソしていたかと思うと、にっこり笑ってその本を渡してくれたのだそうです。

この子は今、小包が届くと、その中身を当てます。パパのお帰りやお土産の中身を当てます。相手の心もすぐに読み取り、心のやさしい子に育っているそうです。すべてをイメージで見るので、何でもわかってしまうのです。

◆右脳感覚で見えないものが見える

右脳と左脳。それぞれの脳には、まったく別の感覚回路があることを知らなければなりません。

私たちは、左脳の五感で物を見たり聞いたり、味わったり嗅いだり、感じたりします。これとは別に、右脳の五感というのがあります。右脳の「見る」という感覚は、見えないものが見えるという感覚です。

人間は本来、二つの生理的な目を持っています。普段は、見えるものが見えるという目を使い、見えないものが見えるという目の使い方を忘れてしまっているのです。

お母さんが不透明なカップにオレンジジュースを注いで飲もうとしているところへ、となりの部屋で遊んでいた子どもが駆け込んできて、「ぼくも飲む」といいます。お母さんが、「これはお水よ」とごまかそうとすると、「うそだ。それはオレンジジュースだよ。ぼくにはちゃんと見える」といって、それを飲んでしまったという話があります。

これなどは、子どもがもうひとつ目を使っている例だといえます。右脳の感覚が開けている子どもは見えないものが見える、という例はたくさんあります。

どうして子どもには見えないものが見えるのか。

これを理解するには、波動理論を知ることが必要です。

この世に存在するものは、すべて波動を持っています。これは量子力学の説くところです。

そして、右脳はこのすべての波動に共調・共振する働きがあります。共振が起こると、その波動情報が右脳によってイメージに変換されて、目に見えます。これが、見えないものが見える順序です。

宇宙は波動の世界であり、すべては波動なのです。心の働きも波動です。

心をつかさどる働きをしている前頭葉の振動は、10^{30}Hz以上の周波数を持っています。また、脳の中枢の働きをしている視床下部・脳下垂体・松果体の波動は、10^{40}Hzから10^{50}Hzの周波数を感じる器官であるといわれます。

人間の深層意識は、X線の通過しない濃密な固体さえ貫通する能力を持ち、どんなに精密な機械よりももっと精密ですぐれた働きをしています。

目という器官だけがものを見るのではなく、視床や視床下部・脳下垂体・松果体を含む間脳が、ものを見る力を持っているのです。

『気と波動医学』(久米清・廣済堂刊)には、全盲の少女が自転車を乗り回す話が書いてあります。彼女は六歳の身体検査の時、「窓から外の景色が見える」といったそうです。額の中央あたりで見えるというのです。

これは、人間が持つもう一つの生理的な目(見えないものが見える目)で見ていることになります。

◆不思議な写真再現能力

これは七田チャイルドアカデミーのある先生の報告です。

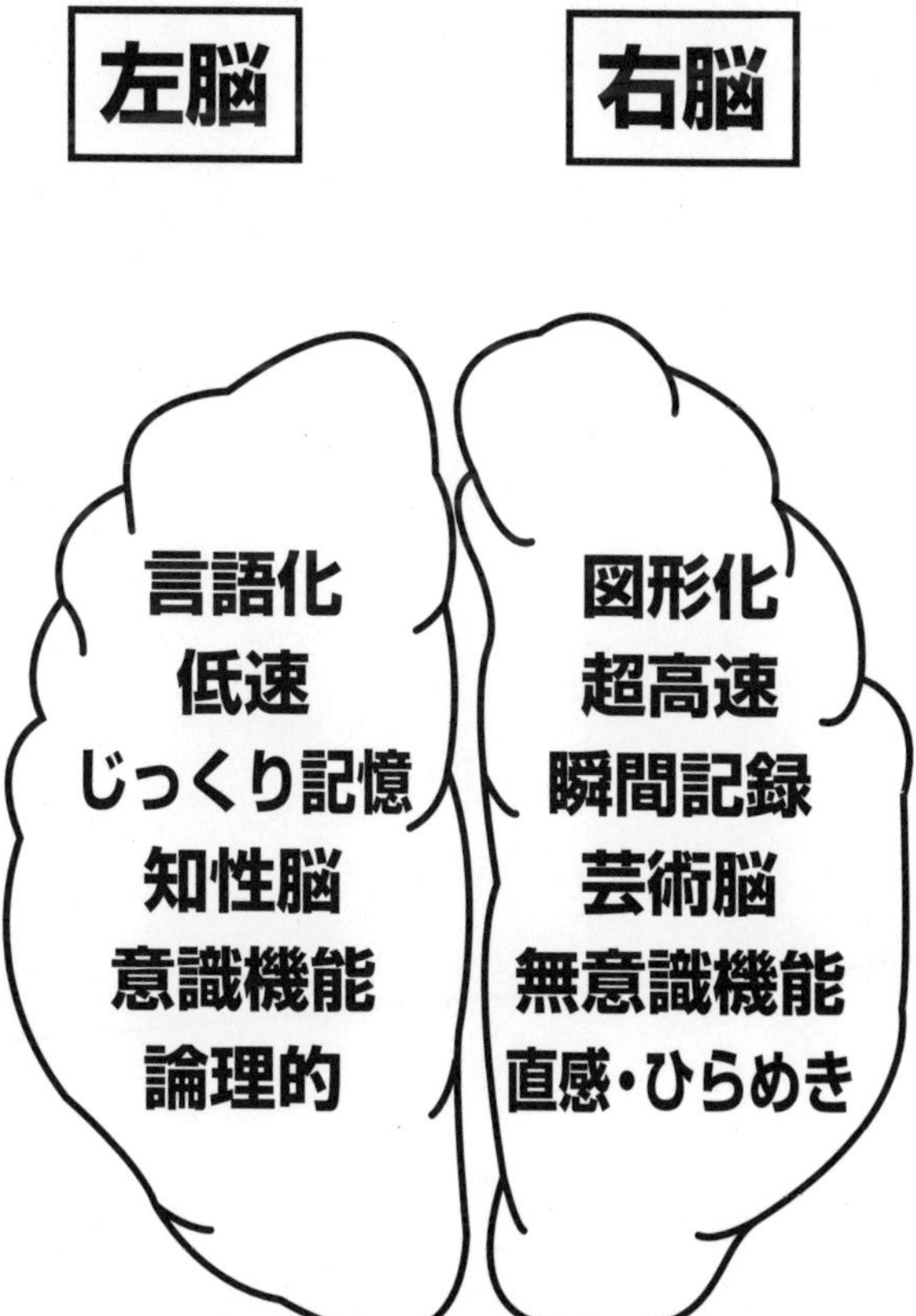
左脳
右脳
言語化
低速
じっくり記憶
知性脳
意識機能
論理的
図形化
超高速
瞬間記録
芸術脳
無意識機能
直感・ひらめき

Ａくんは、五歳で教室に入室した時、自閉傾向があり、情緒に障害や発達の遅滞も見られました。

お母さんの希望は、秋の就学児検診を支障なくすませ、来春は何とか普通小学校に入学させることでした。

小学校教室では、読み書きや計算など左脳的な取り組みに力を入れるのではなく、ＥＳＰ遊びや記憶遊びなどの右脳を開く取り組みを大切にします。お母さんはそのことをよく理解してくれました。そして、Ａくんのよい面を見てほめることが上手にできるようになると、Ａくんがみるみる変化しはじめたのです。

学校が夏休みに入り、小学二年生のお姉ちゃんも一緒に母子三人で取り組みをしたところ、ＥＳＰ遊び・記憶遊びなどの取り組みで、Ａくんのほうがお姉ちゃんやお母さんよりもよくできるのです。

びっくりしたお母さんの、Ａくんを見る目が変わってきました。そして、Ａくんの長所が次々と見えるようになってきました。

何よりもＡくん本人が、「お姉ちゃんよりできる」と気づいて自信を持ちはじめました。

お母さんは右脳のことをあまり詳しくはご存じではなかったので、先生がその話をすると、家から一枚の絵を持ってきました。「この絵も右脳のせいですか」と聞かれるのです。

その絵には前に買い物に行った商店街の絵が描かれていました。驚いたことに、商店の看板の文字が、アルファベット・ひらがな・カタカナ・漢字、すべて正確に書き込まれているのです。

ちなみに、Aくんは字はまったく読めません。お母さんはこれまで、「へんな絵ばかり描く子」と気にもとめていなかったそうです。

先生はお母さんにこう説明しました。

「これは右脳感覚の働きで、Aくんには写真記憶の能力があるのです。見たものを写真のように頭に写し取って、そのまま再現する能力があるのですよ」

お母さんもそれではじめてAくんの能力を知ったようでした。

それからは、お母さんのAくんを見る目がますます変わっていきました。同時にAくんもまた生き生きとしてきたのです。言葉、文字の理解、数の理解も急速に進んでいきました。一〇月の就学試験でも、面接の最後に校長先生から「大変よくできました」といわれて、お母さんはひと安心でした。

子どもたちはみんな、光り輝く右脳の働きを持っています。親がそれに気づき、知識を教え込むことよりも、子どもの心・精神に目を向けて潜在能力を引き出すと、子どもは大きく変身します。

◆「別空間」を感じとる子どもたち

子どもたちの口からは親を驚かせるような言葉が自然に出てきます。そんな子どもたちの口から出た言葉を、できるだけ採取してみてください。ここにいくつかの子どもたちの言葉があります。

「お母さん、人間はね、愛で生きることが大切なんだよ」

「あのね、ぼくね、違う星から地球にやって来たの。その星の名はね、○○○というの」

「お母さん、音楽を聞くと色が見えるよ。バイオリンとピアノでは見える色が違うよ。違う音楽を聞くと、違う色が見えるよ」

「あのね、一人で静かに本を読んでいて、いい気持ちだなと思うと、目の前に赤と黄色と緑とオレンジの色が広がるよ。そして、とてもきれいなとびらになるよ」

「私はね、神さまの国から来たの。M(弟)もね、神さまの国から来たの。神様の国にいる時、〝きょうだいになろう〟と約束したの」

次は、子どもたちが宇宙をイメージした後で口にした言葉です。

「宇宙の黒はね。ただの黒とは違うんだよ。宇宙の黒には、全部の色が入っているんだ」

「空気はね、点の集まりで、ジッと見つめると見えるよ。風は線でいろいろな色が見える。シャボン玉は、いろいろな色の線に乗って飛んで行くんだよ」

「(母親に、今何が見えるのと訊かれて)何だって見えるよ。思えばどんなものだって見えるよ」

「ママ、お空や雲や葉っぱは目も口もないけれど、心で私を見てるんだよ」

これまで親は、子どもたちのこのような言葉を聞くと、どう対処してきたでしょう。とるにたらぬ言葉として、まったく無視してきたのではないでしょうか。

子どもたちが実際に見ているものを、見えるはずがないものとして、単なる空想の産物と見なしてはいませんでしたか。

人間進化のためには、子どもたちの非日常的体験への理解は大切です。子どもの心に秘められる体験の宝庫をより深く知る努力が、親の私たちに求められます。

◆超能力は右脳の自然な力

脳の中には九六～九七％の未開発領域があるといわれます。これはいいかえると、今までの教育は、人間が持っている能力の三～四％しか引き出せていないということになります。

しかし、最近ではその未開発領域の能力を示す子どもたちが増えていることも事実なのです。次のお便りをごらんください。

〈私が台所でお菓子を食べようとしたとたん、庭から子どもが「ぼくにもちょうだい」といいます。また、子どものクレパスを取り出して別の場所に移動させると、別の部屋から飛んできた子どもが「ぼくのクレパスを出したらだめだよ」といって、私がどこに置いたか見てもいなかったのに、ちゃんと探してもとに戻したこともあります。

どうして、離れた場所にいる子どもが、私のしようとすることやしたことがわかるのでしょう。

私がテレビを観ていた時など、急に『セサミストリート』に画面が変わったことがありました。子どもに聞くと、「ぼくが、英語出てきて、といったの」といいました。

このように子どもが手もふれずにテレビの画面を変えることはよくあります。〉

テレビのチャンネルを自分の思いだけで変えてしまうという報告は、これまでに四件あります。思っただけで物質に作用する能力をテレキネシス（念力）といいますが、鳩時計の鳩を自分の思いで鳴かせたり、おもちゃをテレキネシスで動かす子どもの報告も届けられています。

テレパシーやテレキネシスは、現代では超常現象と見なされ、こんな能力を持つ人を超能力者といっています。

実はこれは右脳の基本の能力であり、決して超能力ではありません。ごく自然に右脳に組み込まれた能力なのです。

二一世紀は、こんな能力をごく普通に使う人たちでいっぱいになるでしょう。

そのことを暗示するかのように、私の手元には、右脳能力を示すわが子についてのお便りが日々届いています。

◆脳には驚くべき能力がある

テレパシーは、言葉を使わずに心と心で情報を伝え合うことです。

昔、人類がまだ言葉を持たない頃には、お互いにテレパシーで交信しあっていました。言葉を獲得してからは左脳の発達が進み、右脳の機能は退化していきました。

つまり、言葉よりはテレパシーのほうが、原始的な情報伝達の手段なのです。

米国メリーランド州の国立精神衛生研究所付属の「脳の進化と行動研究室」のP・D・マクリーン博士が一九七〇年に発表した『三重脳理論』で、人間の脳が三重構造になっていることが明らかになっています。

お母さんのおなかにいる胎児の時には、下位層の脳から発達しはじめ、「爬虫類の脳」から「哺乳類の脳」、「人間の脳」へと進化のプロセスを繰り返します。

そして、この三つの脳はそれぞれ違った進化の段階から派生した独自の機能を備えているというのです。

爬虫類の脳には、テレパシーによる情報チャンネル、哺乳類の脳にはイメージによる情報チャンネル、人間の脳には言語による情報チャンネルがそれぞれあり、それぞれの脳に記憶と思考の働きがあります。

脳は驚くべき能力を持ち、妊娠一ヵ月の胎児の脳、二ヵ月の脳でも、爬虫類の脳と哺乳類の脳はすでに形態をとりはじめ、その機能を発揮することができます。

お母さんたちが「そんな能力は、小さな子どもたちにとってごく自然な能力だ」と理解するようになると、わが子たちが次々に実例を示すのを発見するものなのです。

テレパシーやテレキネシスは、これまではうさんくさい能力として、科学者たちは信用しようとはしませんでした。

ところが、世の中は変わり、国立研究所が予算をとって、潜在能力に関する科学的調査・研究に乗り出しました。私にもその協力の依頼が来ていますが、時代が変わってきたなと思ってしまいます。

◆肉体を超えて働く意識の存在

これまで人間は、人体という肉体的なメカニズムによって生きていると多くの人たちが誤解していました。実際には、人間は肉体の限界を超えて働く能力を持っています。

肉体に限界があるように、能力にもまた限界がある。そう考えられてきました。しかし、人間の能力に限界はないのです。

人間には、肉体だけの存在ではなく、肉体を超えて働く意識の存在があります。ところがこれまでは、意識というものをまったく切り捨てたところで、人間というものを考えてきました。

心や意識など、目に見えないものを研究することは、科学的ではないと考えられてきたのです。科学の行き詰まりがここにはありました。

最近では、人間の意識は脳の五感や記憶の機能を超えて働くと考えられるようになっています。

たとえば、妊娠一〜二ヵ月の胎児が、すでに意識を働かせており、両親が思っていることと、いうことすべてを理解することができると考えられるようになっています。

妊娠一〜二ヵ月といえば、まだ目や耳といった感覚器もろくにできておらず、脳もできあがっていません。したがってこれまでは、「だから頭が働くはずはない」「脳ができあがらないと、人間の頭として機能はしない」と考えられていたのです。

ところが実際には、三ヵ月の胎児でもママが心で思うことがわかり、五ヵ月でパパの帰宅が内在する五感の目で見えるのです。

これまでの教育は、人間のこのような潜在能力に目を向けることはまったくありませんでした。まさかその能力を育てることが、これまで眠っていた人間の進化機能を開花させる鍵になるとは、誰も思わなかったのです。

これらの能力は、今までの教育では開花させることのできない教育です。これまでの教育原理や手法ではどうにもならないのです。

今、新しい教育的原理・手法が求められています。

◆なぜ「文盲」の小学生が出現したか

カール・デラカート博士は、二八歳でペンシルバニア大学から博士号を取得し、男子中学校チェスナットヒル学園の校長をしていました。

この中学校にはおおぜいの文字の読めない中学生たちがいました。カール校長は「この子たちはなぜ文字が読めないのだろうか」と考えました。小学校の間に勉強する気がなくて学ばなかったのか。教える側に技術が足りなかったのか。

実は原因はそんなことではなかったのです。

文字が読めない生徒たちは、小学校に上がるまでの幼児期に文字に触れる機会がなかったため、文字が読めない頭に育ってしまったことが、真の原因であることをつきとめたのです。その研究の詳細は『読めない子どもの出発』(風媒社)という本に、博士自身が書いています。

さて、脳には左半球と右半球があり、左半球が言語をつかさどることは、一八六一年にフランスの医師ブローカによってつきとめられています。

あるアメリカの有名な判事が、脳の左側に脳出血を起こして体の右側が不自由になり、話す能力もなくなってしまいました。でも、人の話を理解することはできます。「目をつぶってください」「左手をあげてください」という指示には従うことができるのです。

右脳が左半身を支配し、左脳が右半身を支配することは、よく知られた事実です。また脳の左半球に損傷が起こると言語障害が起こることもよく知られています。

テッドという少年は小学五年生のとき、スケートをしていて右腕を骨折し、ギプスで固定されました。そこで左手で字を書いたり、食べたりをはじめると、だんだん字が読めなくなってきました。字のつづりを逆に読むようになったりしたのです。**was** を **saw** と呼んだり、**on** を **no** と呼んだりしました。

腕が治ってギプスがとれ、元のように右手が回復すると、また字が読めるようになりました。

左脳と右手、右脳と左手はつながっています。テッドの場合、右手が使えなくなったので、言語半球である左脳も使えなくなっていたのでした。

このように、利き手と脳の関係をよく知っておくことは必要です。右利きは左半球を言語半球としており、左利きはその逆だといわれます。

言語脳である左半球の発達が悪いと、文字は見えるけれども、その意味をつかむことはできないということが起こります。牛の絵は認知できても、cow と書かれた文字は認知できないということが起こるのです。

文字を読む能力の問題は、神経系の発達、とりわけ利き側の完全な優位性の発達が欠ける場合に起こるといわれています。

子どもはよく鏡文字を書きます。鏡文字を書く原因はどこにあるのでしょう。

それは優位脳が、まだ脳のどちらかに納まっていないから起こるのです。

どもりも同じ原因であるといわれます。まだ脳の優位性がどちらかに決まっておらず、左右の脳が迷うので、そのためどもりが生じます。

子どもが左手を使おうとしているのに、親が無理に右手を使わせようとするので、そのために脳に混乱が生じて、言葉の乱れが起こるといわれます。

◆読字能力と「見る」ということ

これまでは、人間は脳が発達した結果、さまざまな能力や機能が発揮できるようになると考えられていました。

前述のデラカート博士は、逆に機能を働かせることで脳が発達すると考えたのです。体の各部分や神経は、使わないと発達しないことはよく知られています。

脳の内部でも同じことが行われるのです。脳も使用されることを通して成長するのです。脳の発達は〇歳～六歳の幼児期に、個々の神経回路が使われていくうちに、ほかの回路から絶縁されていき、髄鞘《ずいしょう》(ミエリン)化していくという形で発達していきます。髄鞘とは、神経繊維を取り巻く皮膜のことで、神経の保護と絶縁体の役割を持っています。

回路の使用が不十分だと、髄鞘化による絶縁も不十分になります。すると情報伝達の能力が低い頭を育ててしまうことになります。

幼児の頭は、コンピュータに初めての情報を入力していくのに似ています。コンピュータは、情報の貯蔵部分を豊かにすると、その取り出し能力、解読する能力は大きくなります。幼児の脳の貯蔵機能が貧弱であれば、情報を取り出す過程が遅くなるのも当然のことです。

目覚めている赤ちゃんをあまり長く一人にしておくと、視覚発達のための刺激が足りなくなり、そのため頭の発達が遅れます。

豊かに話しかけたり、目にいろいろなものを見せたりすることが乏しければ、話したり読んだりすることがのろくなり、たどたどしくなるのです。

読みの問題、学力の問題は、幼児期の神経系の発達、とりわけ利き側の脳（通常左脳）の完全な優位性の発達が欠ける結果起きるというのがデラカート理論の重要なポイントです。

デラカート博士の考え方は、「字が読めないのは、入学前の幼児期に見ることを学ばなかったために、適切な神経回路をつくりだすのに必要な活動量が欠けてしまったため」というものです。

◆赤ちゃんの発達に欠かせないこと

子どもは乳児期の初期から、正しく聞くことができなければ、なかなか言葉を話すようにはなりません。いろいろな音を十分聞かせなければ、上手に話せるようにはならないものです。

赤ちゃんのときから、見ること、聞くこと、動くことを十分に行わせて育てなくては発達が遅れてしまいます。

見ること、聞くこと、話すことはどのひとつが欠けても、あとのふたつは不完全になります。

見る刺激が乏しく、聞くことだけで育てると、子どもは耳から入る言語的な抽象記号を解くことは学んでいても、目を通しては学んでいないために、視覚野の発達が遅れます。

赤ちゃんには、生まれたときから豊かに語りかけてあげる一方、絵カード、ドッツカードによる視覚的刺激を与えましょう。もちろん赤ちゃんを抱いて歩いて、いろいろなもの見せ、目から入る印象を豊かにすることを心がけることも重要です。

何よりも大切なことは、見たり、聞いたり、動いたりする機会を十分に与えることです。幼児期に文字を教えたり、知的な刺激を与えることは悪いとする考え方があります。デラカート博士以前にはこの考え方が大勢を占めていたといってもよいでしょう。

ところが、文字を目にさせない、知的な刺激を取り入れさせない、という結果は、左脳があまり機能しないことにもなります。知的な発達に大きな障害を生み出すことになります。

逆に、自閉症やダウン症といった左脳に障害を持つ子どもたちでも、脳の機能が高まる〇歳～六歳の間に、たくさん聞かせる、たくさん視覚的刺激を与える、よく動かさせるという十分な刺激を取り入れることで、働きのいい左脳が育っていきます。

◆左脳の発達も大切なこと

最近では、逆に右脳の発達の大切さばかりが偏重され、左脳は軽んじるお母さんたちも増えているようです。

左脳とは、右脳と左脳を統一する脳であり、認知脳、表現脳です。いくら右脳の働きがよくても、言語脳である左脳の働きが悪ければ、言葉が出なかったり、文字が読めなかったり、言葉を使って考えることが不得手になります。

頭は右脳と左脳がバランスよく働いてこそ、よい働きをするものです。その両方の脳をよく発達させる時期は、どちらも〇歳～六歳の幼児期にあるのです。

幼児期に文字を教えてはいけない、知的な取り組みをしてはいけない、という考えにとりつかれていると、左脳の発達に支障をきたし、学校に上がってからの学習がうまく進まない子どもを育てることになります。

赤ちゃんのときからうまく左脳を育てるには、豊かに言葉をかけてあげて、よく体を動かせるようにすることが大切です。

なかでも、絵カードを見せることの大切さを理解しましょう。絵カードをできるだけ大量に、できるだけ高速でフラッシュして見せることは、右脳と同時に左脳を活性化し、両脳の連結回路を豊かに育てるという働きがあります。

左脳は低速リズムで働く頭です。ゆっくりいちいち説明し、理解を求めながら教えていく。こんな働きかけをするのは左脳教育法です。

一方、右脳は高速リズムで動いています。絵カードを大量にできるだけ速く高速でインプットすると、それは右脳のリズムに合っているので、右脳を活性化することになります。

同時に、絵に合わせて、その名をいって聞かせるので、言葉がどんどん左脳に育つことになります。これが左右の脳をつなぐ連結回路を育てていくことなのです。

◆カードフラッシュはなぜ大切か

カードフラッシュの重要な働きを知らない一般の教育者たちは、絵カードはただ左脳に知識を詰め込むだけの働きしかないと思っており、それを知識教育だと批判します。しかも、それが実物教育ではないから、ペーパーだけの実体験をともなわないうすっぺらな知識を与えるだけにとどまるとしています。

このようなことをいう人は、直感の働かない左脳人間であることがわかります。

このタイプの人は、ギターを教えるのに、実物のギターがどのようなものであるか触れさせ、音も聞かせて教えなければ、身についた教育にならないとよくいいます。

それでは楽器を教えるのに、今日はピアノ、明日はマンドリン、次の日はチェロと、毎日実物を教室に持ってきて、音を聞かせ、実物に触れさせて学ばせなくてはならなくなります。

動物について教えるには、象、キリン、ワニを教室に運んでこなければなりません。直感的にその不合理性がわからずにそのようなことをいうのは、右脳の直感がすぐれておらず、すべて左脳的に考えているしるしです。

絵カードや絵本で、前もってすべての動物を知っているので、あるいは多くの名画を見知っているので、動物園に行ったとき、美術館に行ったとき、実物に触れて大きな感動を得ることが可能なのです。

たとえば、名画について見たこともなく、何も知らない子どもたちは、美術館のなかでもろくに絵を見ようとせず、ただ走り回るだけです。

小さいころからよく名曲を聴いて育った子どもは、コンサートに行って二時間でも三時間でも身動きせずに、名曲に聴き入ることができます。

大人でも、名画について何も知らず、ふだんから名曲を聴くことがない場合、美術展にもコンサートにもあまり関心を示さないものです。

◆右脳の働きを左脳に移行する

子どもの脳の働きは、大人のそれとは全然違います。天才的な右脳が働いているのです。子どもはこの右脳の働きで、言葉を容易にマスターし、複雑な計算をやってのけます。

ところが、頭の働きが三歳ころから次第に左脳に移っていき、六歳になると大人の頭の働きと同じになってしまうので、それまでの天才的な頭の働きは影をひそめてしまいます。

そうならないためには、三歳前後から右脳の働きを左脳に移す働きかけが必要になります。その方法を知らない多くの親たちが、子どものせっかくのすぐれた才能を消してしまいます。

たとえば、父親の仕事で一家が外国に住み、子どもが英語ペラペラで帰ってきても、その英語を使わないでいると、半年で英語力は抜けてしまいます。

ところが、子どもに毎日英語のテープを聞かせ、読み書きを教えて英語を使いつづけさせると、一生身についたものとなって英語力が残ります。

幼児は、大人が使う左脳の記憶力と違って、一目で覚えてしまうという右脳のイメージ記憶力を持っています。この能力も使いつづけないといつの間にか消えてしまい、大人と同じ左脳の記憶力を使うようになります。

これを防ぐには、右脳の記憶力を消さないように、書き出し訓練をするとよいのです。これはいいかえれば、右脳の能力を左脳に移す作業をするということです。

右脳の能力を左脳に移すには、右脳と左脳をつなぐ回路を築くことが大切です。その作業が書き出し訓練です。

山口県のS・Aさんは、ご主人に、一目で見たものを覚えてしまう写真記憶（右脳のイメージ記憶力）があると報告してくださいました。

ご主人は大きな病院の薬剤師をしておられ、毎日見る百枚以上の処方箋をカメラで写したように記憶してしまい、一週間前のものでも、ひと月前のものでも、医師に処方を確かめてほしいといわれたとき、即座にその処方箋がイメージとなって記憶によみがえるので、即答できるのだそうです。

いつからそのような記憶があったのかと尋ねると、幼児のころからだという返事でした。その能力がどうしてあらわれたか思い当たることはないかとS・Aさんが尋ねると、小学校一年のころから音楽を習っていたご主人は、先生がひとつの曲を一小節ずつのカードにしてフラッシュして見せ、それを書き取るという作業を中学校二年の中頃までつづけていたという返事でした。

記号や音譜をフラッシュして見せ、それを見たまま書き取るという作業をつづけた結果が、幼いころの右脳記憶力を左脳につないでとどめることになったのです。

◆右脳と左脳をつなぐ「書く」ということ

書くことは脳を変化させ、頭の能力を高めます。これについては、一般によく知られていないようです。

ある時、一五年以上も幼児英語を教えてきて、幼児の英語力を育てることにかなりの成果をあげている英語学院の院長先生から、「成果はあがっているのに、学校に入ってからの成績に結びつかないのです。どうしてでしょう」と質問されたことがあります。

読み書きを教えるとよいですよ、と私は書くことの重要性を話し、幼児の脳の働きについて説明すると、「やっと疑問に思っていた答えが得られた」と大変に喜んでくださいました。

読みの力を育てるだけでもまだ不十分なのです。書くことは小学校に上がってからでよい、と書かせることをしないでいると、右脳の能力を左脳につなぐチャンスを失ってしまいます。

書くことは、小学校に入ってからでも覚えますが、右脳と左脳をつなぐ回路づくりのチャンスを失ってしまいます。三歳～六歳の間が大切なのです。

六歳からの訓練は、左脳の優勢半球を育てることになります。それは左脳へのインプットになり、左脳の回路をせっせと開くことになります。

しかし、左脳の回路をいくら開いても、それは質的に大変劣っていて、たいして質のよい能力には育たないものなのです。

大切なのは、右脳が優勢半球である時期に働きかけ、右脳と左脳をつなぐ回路を開いてあげることです。

◆目標を持った子育て

子育てをする場合、子どもの遠い将来を見据えたものでなくてはなりません。そうでないと、羅針盤のない船と同じで、どこへ行き着くか見当がつきません。

何をするにも成功の秘訣は、最初にしっかりした目標を育てることです。子育ても例外ではありません。

時代は今や二一世紀です。二一世紀は、どんな子どもを必要としているでしょう。子育てにも先見性が求められます。

二一世紀は、個性、感性、創造性、心、人間性の豊かな人物を必要とする時代です。競争原理の教育は終わり、心の教育、愛を原理とする教育が必要です。

今の教育は行き詰まっています。それは誰の目にもあきらかです。いじめがあり、教師の暴力があり、子どもたちの非行や落ちこぼれの問題があって、どうしたらよいかわからないという行き詰まりの状態があるのです。

ここから抜け出るには、はっきりとした明るい目標を持つことなのです。

◆子どもをあるがままに受け入れる

現代のように混乱した教育を救ってくれるのは、心の教育です。混乱した状況のなかにあっても、心の教育をすることで、学校中、先生も生徒たちも、とてもすばらしく、幸せな日々を送っている学校もあります。

すべての学校が、どうにもならないほど荒廃しきっているわけではありません。

では、心の教育とはどんな教育なのでしょう。

それは子どもの心を育てる教育です。子どもたちを競争原理で追い立てる教育ではなく、子どもたち一人一人の個性を育てる教育です。

子どもたちの個性を大切にし、心を育てるのです。親はつい、子どもをよその子と比較してわが子にはっぱをかけ、競争の道に追い立てようとします。

子ども一人一人の成長を温かく見守ることができず、少しでも遅れがあると、わが子をマイナス評価で見てしまいます。

それがすべての誤りのはじまりだということに気づかず、そこからどんどん難しい子育ての道を走りはじめます。

なぜ、そうなってしまうのでしょう。子どもに対して、何かができる、できないを問題にするからです。わが子の今の状態をそのまま受け入れようとせず、親のほうが別に基準をもうけてしまうからなのです。

子どもの心を育てるには、子どもをマイナスに見てはいけません。子どもを今のまま一〇〇点として受け入れることが基本となります。

◆何でもできる子はいらない

子育てで、競争させることは無意味です。よその子と比較しないことが大切です。その子が持っている個性を引き出すことが大切なのです。

どの子も必ず、何か自分の関心のあるもの、好きなもの、得意なものを持っています。それを上手に伸ばしていけば、光り輝く個性に育ちます。

ところが、普通、親はそれを見つけよう、育てようとはせずに、親のほうから子どものすべてを育てようとするプログラムをつくります。子どもにすべてにおいてすぐれていてほしいと願うのです。

そこで、体操教室、音楽教室、美術教室、水泳教室、英語教室、習字教室、そろばん教室、バレエ教室と、通わせられるだけの教室へ通わせようとします。

二一世紀が求めているのは、何でもできるジェネラリストではなく、とくに一芸に秀でたスペシャリストです。

今でも進んだ大企業では、どこの大学を出たかを問題にせず、とくにすぐれたものを持つスペシャリストを採用しようとしています。

学校の成績がよいのが採用の条件ではなく、人間性や感性、一芸に秀でていること（つまり個性）を採用の条件にしています。

あるお母さんが私に次のような手紙をくださいました。

「私の両親は教育パパと教育ママだったので、私は幼児のころからすべての教室に通い、おかげで学校では何でも一番でした。けれども、世の中に出てからはそれが何の役にもたっていません。とくに秀でたものは育っていなかったので、今は平凡な主婦をしています。何でもできる子に育てる教育には反対です」

◆天才の基準は執着心

子育ての大切なことは、個性をどう育てるかなのです。個性を育てる教育が子どもの心を活かし、子どもを育てる教育だといえます。

まず、次の言葉を覚えておきましょう。

「個性で見れば、どの子も一番」

そうすれば無意味な比較をしなくてもすみます。わが子のよいところ、個性の向かうところを育てようとすればよいのです。

ところがたいていは、そんな見方ができず、ほかと比較して考えるためにわが子を「劣った子」と見るようになります。

劣った子などどこにもいないのです。競争の基準を設けるから、わが子を見誤ってしまいます。学校の成績などでわが子の評価をしないようにしましょう。

エジソンやアンデルセン、ファラデー、アインシュタインなど、天才と呼ばれた人たちが小学校の成績が悪かったことはよく知られています。

では、この人たちは何が人と違っていたのでしょう。ひとつのことに執着するものを持っていたのです。好きなことがあって、それを伸ばしていったのです。この人たちは縦に賢い性質の人々であったのです。

平均的に横にすべてできる子は全体の成績は良い。逆に縦に賢いというのは一つにだけ深く通じていることで、そのことだけに集中し、興味がまったく別のことにある子どもは他の学科に興味を持たない。従って全体の成績は悪い、ということを意味するのです。

かつて湯川秀樹博士が「天才の条件とは何ですか?」と問われて、

「それは、執着する心だと思います」

と答えられたのを思い出します。

通常、子どもが何かに執着することは悪いことだと考えられています。でも、大切な執着もあることを知っておきましょう。

子どもが乗り物や恐竜、虫などに執着を示し、そこから興味がほかに移っていかないと心配する親御さんが多いようですが、これは心配にはあたりません。

むしろ、その興味を深めてあげるを考えるのがよいのです。

◆伏見猛弥先生の英才教育

故伏見猛弥先生は、戦前から英才教育の権威といわれた方で、『英才教育入門』という本が池田書店から出版されました（現在、絶版）。

長男の直哉さんが生まれたとき、先生はひとつの実験を思い立ちます。

それは知能優秀児は例外なく集中力があるとわかっていたので、わが子の知能を高めるために、まず集中力を育てようと考えたのです。

そして、おもちゃを与えるのにひとつの方針を立てました。いろいろなものに注意が散らないように、おもちゃの種類を統一することにしたのです。

満二歳のころから子どもの興味が乗り物に集中しはじめたのを見て、先生はおもちゃを乗り物ひとつにしぼることに決めました。

乗り物に対する注意を深めるために、乗り物の現場をなるべく観察させるようにし、暇があるたびに線路に沿った道を散歩させせました。

絵本でターン・テーブルを覚えると、日曜日に品川まで連れていって現物を見せました。横須賀線が見たいといえば、大船まで出かけました。

三歳になると、子ども部屋は乗り物でいっぱいになりました。乗用車からトラック、ダンプカー、ミルクトラック、クレーンカー、ガソリンカーなどへ興味が広がっていきました。

四歳になっても乗り物以外に関心を示さないので、母親が心配しはじめました。しかし先生は、興味が深まっているから心配ないといって実験をつづけました。

☆

先生はそのなかで二つの期待をしておられたのです。

ひとつは、思考活動が深まるということ。乗り物が壊れたら、どうすればよいか考える。思うように走らないとき、どうすれば走るか考える。このように遊びのなかに思考活動があり、集中が深ければ思考活動も深いだろう。ひとつのことに没頭することは知識を覚えることではなく、考えることであり、だから知能が伸びるはずだという期待です。

もうひとつは、ひとつのことに徹底して集中すれば、将来ひとつの課題に対して、満足な解決が得られるまでとことん追求する態度が養われるだろうという期待です。

普通の人は、困難に直面した場合、ある程度努力しますが、二〜三度失敗するとあきらめます。

ところが伝記を読むと、偉人たちは課題の解決へ飽くなき執念を見せます。この執念が、子どものころ、ひとつのことへの集中で、育つのではないかと考えたのです。

果して子どもの直哉さんは、驚くほどの集中力を育てていきました。

☆

直哉さんは満二歳のころから、紙とエンピツを持って、電車や汽車を描こうとしはじめました。スタートは二本のレールを描くことでした。

まず一本のレールを引きます。その横に平行に線を引きます。うまくいきません。新しい紙をとって引きなおします。その一心不乱な態度は驚くほどでした。

平行線が引けるようになるまで二ヵ月かかりました。それからようやく、側面から見た電車や汽車を思うように描けるようになりました。

しかし、三歳になるとそんな絵では満足しなくなりました。いつも見ているような驀進《ばくしん》している姿が描きたくなったのです。

直哉さんは、顔を地面にすりつけて、走ってくる機関車や自動車を見ることが多くなりました。走っている乗り物を描こうというのです。

平行線のときと同じような模索がはじまりました。描いては捨て、とうとう三歳八ヵ月のときに、みごとな遠近法の機関車を描くようになりました。小学校の五年生で習う遠近法を自分で発見したのです。

四歳では、工作に夢中になりました。最初は自分の大切な乗り物のおもちゃを入れる箱をつくりました。

それから、画用紙の上におもちゃの乗り物を置き、大きさをはかって、紙の四隅にハサミを入れて、糊で貼り、立体的な乗り物をつくるようになりました。

五歳になると、展開図を上手に描くようになりました。誰が教えたのでもなく、巧みに展開図を描くことを覚えてしまったのです。

こうして伏見先生が期待する、第一の思考活動が深まるという事実が証明されました。

☆

伏見先生のご子息への第二の期待――物事をとことん追求してやまないという態度はどう

だったでしょう。

直哉さんは小学校へ入ると、蝶の採集に興味を持ちはじめました。そこで先生は、できるだけ参考書を集めてやり、夏休みなどには変わった蝶の採集のために、北軽井沢や草津までも足をのばし、子どもと一緒に出かけました。

小学校二年生のころには、蝶の採集もすすみ、日本の蝶図鑑に載っている蝶の特質はほとんど覚えていました。

一九六〇年八月、台風が伏見先生の住む茅ヶ崎を襲いました。この台風にのって、一羽の変わった蝶が付近の八百屋の店先に飛んできました。

直哉さんは、目の色を変えてその蝶を捕まえ、日本の蝶図鑑では見当たらないので、世界の蝶図鑑を買ってもらい、ついにそれが遠くジャワ産の蝶であることをつきとめたのでした。

台風にのってこんなに遠くまで来る例は稀で、それは世界に数えるほどしかない珍しい出来事でした。

◆感性をどう育てるか

「うちの子は好奇心がとぼしく、物事にあまり興味を示しません。もっと子どもらしくいろいろなことに興味を持ってほしい。好奇心のある子に育ってほしいと思うのですが、どうしたらいいのでしょう」

こういう相談を受けることがあります。子どもに好奇心がない。感動する心が乏しい。これはお母さんに責任があるのです。子どものいまの姿は親が育てた姿なのです。好奇心をもてない子どもに育ってしまったのは、親自身であることを悟らなければなりません。

「だめ」「いけません」「早くしなさい」と、いつも親が命令語、否定語、禁止語などで接していると、子どもの心は閉ざされてしまいます。

「花に手を触れてはダメ」「虫なんか触っちゃダメ」と、いろいろなものに心を動かすことを禁止しておきながら、子どもに感性がない、好奇心がないとはいっていないでしょうか。

お母さんが率先して、「わあ、きれい」「ほら、蝶が楽しそうに、花から花へ飛んでいるよ」と、声に出して感動してみせ、モデルを示してください。

お母さん自身がいつも感動の心を持って子育てしていれば、子どもにも感動する心が育ちます。

育っていく環境に感動がないと、感動は育ちません。子どもの心を積極的に外へ向けるには、まず親が子どもに感動を伝えることです。

子どもの心に感動がなく、不安や自信喪失があると、その心は無感動で外へ向かわないのです。

命令語、否定語、禁止語で接していると、子どもの心、子どもの感性を殺してしまいます。

第三章◆右脳教育はまず心の子育てから

◆子どもの心を育てる

第一章で、子どもの成長過程には「才能逓減《ていげん》の法則」が働いていることを述べました。

このことを親が知ったからといって、今度は子どもに無理に教え込もうとすると必ず失敗します。子育てに対して親がプレッシャーを感じると、それはただちに子どもへのプレッシャーとなります。

子育てのポイントは、親自身が遊び感覚で楽しく取り組むことです。子どもはもともと学ぶことが大好きです。その気持ちに上手に応じながら、子どものお相手をすればよいのです。

親が子どもの心を見失い、子どもの能力を育てよう、知力を育てようということばかりに躍起になると、子育ては必ずといってよいほど失敗します。それは心不在の子育てだからです。

子育て、あるいは子どもの脳の発達で大切なのは、そこに母親の子どもへの愛があるかどうかなのです。それを忘れ、愛の代わりにプレッシャーを与えることは慎まなければなりません。

ここに、七田教室の講師でもあるひとりのお母さんの、育児への反省レポートがありますので紹介してみます。

ある母親のレポート

娘は一歳代でひらがなを全部読み、ドッツは数式まで進み、姉の高校入試問題を三者択一でほとんど正解がとれるほどでした。

その子が、私の過度の期待にプレッシャーを感じたためか、二～三歳代ではほとんど自分勝手にしゃべるようになりました。他の人とは対話ができず、しゃべる内容も同じことばかりで、医師からは「自閉的な傾向がある」といわれました。また、保育園には障害児として入園することになりました。

私自身が七田チャイルドアカデミー教室を開いたばかりでもあり、いつも疲れてイライラしていました。同じことばかり聞く娘に腹をたて、叱ってしまうこともありました。何とかしなければと思えば思うほど、娘は普通児からどんどんかけ離れていきました。でも、ある時のこと、「トイレも一人で行けるし、ご飯も食べられる。ありがたいじゃないか。たとえ普通の子ではなくても、生きているだけで母親として幸せなのだ」と思いはじめた頃から、娘が変わりはじめたのです。

今でも思い出します。一九九六年一〇月、娘の小学校入学半年前の頃、「今日の遠足は、この道をバスで通ったの？」と訊いたことがありました。
するとは、「ううん。行く時は向こうの道を通って、帰りはこっちの道だったよ」と、はじめてまともな長い返答をくれたのです。

少しずつ少しずつ、娘は普通の子どもらしくなっていきました。一年生にしてはまだ言葉はたどたどしく、助詞の間違いはあるものの、一日の出来事などをいろいろ話してくれるようになりました。

イメージトレーニングのことなど何も知らなかった七年前、私は「ピアノが上手な女の子が欲しい」と、胎児だった娘にいつもイメージを送っていたのですが、娘はまだピアノも習わせていないのに、「猫ふんじゃった」の曲を右手指一本で弾き出したこともあります。そうかと思うと、姉たちが弾くのをじっと見ていて、一週間ほど経つと、両手でものすごい勢いで弾き出しました。

いつも音楽の教科書を持って学校や学童保育所へ行っては、いろいろな曲を左手でちゃんと伴奏をつけながら、右手で主旋律を弾いて楽しんでいたのです。

たまに音階名で歌っているので、それをピアノに合わせてみると、ちゃんとした曲になっているのです。どうも娘には、絶対音感が備わっているようです。

先日、久しくしていなかったドッツカードを出して、「どっち遊び」で数を確かめたり、四則計算をさせてみると、ほとんど正解です。「どうしてわかるの？」と訊くと、本人にも説明ができず、「わかるからわかる」という感じのようです。答えが一〇〇以上になる時は、数式を自分でいろいろ書いて楽しんで解いています。

わり算も、「1÷9は0・111……　1÷3は0・333……ね」といって喜んでいます。

つい一週間前、姉が「四人で撮ったプリクラが一六枚あるけど、四人で分けたら一人は何枚ずつになる？」と訊いたら、「四枚ずつ！」とすぐに大声で答えて、周りをびっくりさせました。

母親が肩の力を抜くと、子どもはどんどん本来の力を出してくるものですね。

私自身が、「そのままで一〇〇点。子どもをそう見てくださいね」と母親指導をしていながら、実は一番わかっていなかったのです。

◆心の子育てとは

子育てで一番大切なのは心の子育てです。私がそういいますと、「心の子育てというのがどういうことなのか。それがわからないのです」

こういわれるお母さんがおられます。

まず、子育ては心が基本です。心を正せばすべてがよい方向へと向かいます。子どもの体も脳も性格もすべてよくなります。

心には自己治癒力があり、筋肉を育て、体を生き返らせる力があります。心で脳をよみがえらせることもできるのです。

小児麻痺で背骨がねじれ、それが声帯に影響してしぼるような声しか出せず、声の大きさも調節できなかった少年が、心を正し、体操をすることで普通の状態を取り戻せたという実例があります。

彼はいくら言語訓練をしても、よくなることはありませんでした。そこで、心の働きが大切であると知り、心を正して体の芯と脳を生き返らせたので、自然に治ったというのです。

心と脳は、一つにつながっています。

このごろ、右脳教育がさかんにいわれるようになっています。では、右脳教育で大切なことは何でしょう。

豊かなイメージを育てることでしょうか。違います。心を育てることです。

右脳教育は、心を育てていくことです。技術だけが先行してはダメなのです。まず心を育てることを第一に考えなくてはなりません。

心を育てることなく、子どもの能力だけを育てることだけを考えていては、子育てはうまくいきません。

◆心はいつから育つのか

ゲイブリエル夫妻が著した『胎児は語る』(潮文社刊)には、「人間の意識(心)は五感や脳の機能をはるかに超えて働く」と書いてあります。それによると、妊娠一ヵ月の胎児でも、話すことは無理でも、非常に敏感な意識を持っており、両親や兄弟や周りの人がいだく心の動きを感じることができるといっています。

フランスの医学者であり心理学者でもあるアルフレッド・トマティスは、「人間は、古い特別な記憶を持っている。最初の記憶は、胎児期にさかのぼる」としています。

胎児がすでに無意識の心を働かせていることを親は知ることが必要です。子育ては、妊娠初期から始まっているということです。

生まれる前に無意識の心の底にこびりついた記憶が、生まれた赤ちゃんの身体的反応となってあらわれ、その子どもの性格や才能をつくりあげていきます。

胎児期の無意識の心に入れられた記憶は、RNA（記憶の遺伝子）に刻み込まれ、それがボディの記憶（体にしみついた記憶）となってあらわれることになります。

会員のあるお母さんは、五分間暗示をしようとすると、子どもが泣くのでできないと訴えました。

「それは子どもの無意識の心に刻み込まれた悲しい記憶があるからですよ」と伝え、そこで、「妊娠中にお子さんに悲しい思いをさせたことはありませんか」

と訊いてみました。

お母さんはなかなか口を開こうとはしませんでしたが、やがて意を決したようにいいました。

「事情があって、妊娠中にあの子を生みたくないと思っていたのです」

その子は胎児期に、母親のそんな思いを敏感に感じ取って、悲しい思いを心の底に抱いていたのでした。

◆いまからでも遅くはない

前項に紹介したお母さんは、次のような手紙をくださいました。

会員のあるお母さんより

息子に五分間暗示を入れると必ず泣くようになって一年以上が経ちます。それは彼が私のおなかのなかにいたときや生まれた直後の時期に、心に傷を受けていることが原因だと知りました。

そこで私は教えていただいたとおりに、子どもに悲しい思いをさせたことをあやまり、いまとても子どもを愛しているという思いを五分間暗示で伝えました。

うとうとしている息子に向かって、「あなたはお母さんのおなかのなかにいます」といったとたん、彼は火がついたように泣き出しました。「おなかのなかは、どんなだった」と訊くと、泣きながら、「いやだった」といいました。

そこで体をさすりながら、

「そう、おなかのなかでつらかったのね。お母さんは、あなたがいなくなったらいいなんて思ったりしたけど、ごめんなさいね。でも、あなたが生まれたときには本当にうれしかったのよ。生まれてくれてありがとう」

といいました。

そうしたら、息子は泣き止み、しばらく私の顔を見つめていましたが、ほほえみながら眠ってしまいました。私は、息子に申し訳ない気持ちでいっぱいになりました。

五分間暗示法を知らなければ、息子の心の傷にも気づかないままだったでしょう。

◆認めてほめて愛する

子どもは無意識の心のなかで、親に認められたい、ほめられたい、愛されたいという願望を持っています。これを満たしてあげると、子どもは親に対して絶大な信頼をよせ、自分をコントロールして、親の思いを素直に受け取ってくれるようになります。

子育てはむずかしい、楽しくないと思っているお母さんは、自分の子どもへの見方や接し方をいますぐ変えてください。

何かができない、何かをしないということで、子どもを評価しないでください。できなくてもいいのです。できなくてもしなくてもいいのです。

子どもがそこにいてくれるだけで幸せ、という子育ての原点に返りましょう。子どもが生まれてきたとき、それだけで幸せだったはずです。

ところが子どもがだんだん大きくなるにつれて、子どもの見方に変化があらわれます。子どもをマイナスに見るほうへと変わっていくのです。「ダメ」「いけません」などの否定的な言葉が頻繁に出るようになります。

ここから、母と子どもの信頼関係がくずれはじめるのです。いままでおとなしく母親のいうとおりになっていた子どもが、じっと座っておらずに、勝手に動き出し、母親の制止をふりきって、いろいろな行動をとるようになります。

すると母親は、ひどいショックを受けます。そんな子どもの行動を直そうとするから、ますます、否定の言葉を使うようになります。自分を否定する人に、子どもが信頼をよせるはずはありません。

◆子育て上手はここが違う

子どもは日々成長し、変わっていきます。ところが親はそれについていてはいけません。これまで母親のいいなりだった子どもの変化。その勝手な行動を親は許すことができません。ただ、これまでと同じように、自分のいうとおりに育ってほしいと思い、子どもの勝手にさせてはいけないのだと思い込んでいます。

そんな必要はないのです。いままでと同じように、絵カードをじっと見ていなくてもよいのです。絵本を読むのを聞いていなくてもいいのです。

子どもの勝手な行動に悩んでしまうのは、すべてのお母さんに共通した悩みです。でも、なかにはその難関をうまく突破していく、子育て上手なお母さんもいます。

その違いはどこにあるのでしょう。

それは、子どもを認めることができるか、できないかにあります。子どもが変身するこの時期に、お母さんが子どもを認めるか否か。それで、子どもの様子が決まってくるのです。

子どもは、自分のすることを否定する親には、信頼をよせることなく、反抗心だけを芽生えさせます。一方、自分を認めてくれる親に対しては、多くの信頼を寄せ、素直な心を開いてくれるものです。

◆二歳からのセルフコントロール

子どものいたずらやわがままがはじまったら、それを力で抑えつけようとするのは間違いです。むしろこれを認め、実害のないかぎり、少々のわがままやいたずらは認めてあげましょう。

子どもが二歳くらいの時期に、母親がどう接するかで、子どもの性格が決まっていきます。「ダメ」「いけません」などの否定語、禁止語、命令語で子どもを育てようとすると、必ず失敗します。それらの言葉は、子どもをマイナスに追いやる言葉です。

子どもの自我が目覚めたら、母親はいままでの態度を変えなくてはなりません。子どもの変身に対して、お母さんがいままでどおりの接し方で、自分の思い通りに育てようとしてはだめなのです。

子どもの自我の芽生えを上手にコントロールして、子どものやる気を育て、自主性を育てていくお手伝いをしてあげることが大切なことです。

この時期の子どもは、自ら生きよう、自分で何でもしたいという心の叫びを発しています。それをうまく満たしてあげると、親を信頼し、親の言葉に素直に耳をかたむけるようになります。

「△□ちゃん、これしてくれる?」

「○○ちゃん、ママを手伝ってね」

そういうと、子どもはいそいそと行動をはじめるでしょう。それは自分を一人前だと認めてくれる言葉だからです。やりたいという気持ちに合う言葉だからです。

◆子どもの創造性をどう育てるか

子どもが創造性を発揮するということは、いわばアウトプットの作業だといえます。アウトプットの前にはインプットがなければなりません。

ここで、アメリカのカリフォルニア大学バークレイ校の六六歳の女流解剖学者マリアン・ダイアモンドの研究を紹介しましょう。

彼女は、ネズミをA、Bの両グループに分けてある実験を行いました。

Aグループ　箱のなかを刺激のない環境にしてある。

Bグループ　箱のなかに迷路やハシゴ、鈴、玩具をおいてある。

その結果、Bグループのネズミたちは、大脳皮質が一〇％も増加していることをつきとめたのです。

一九六四年に行われた彼女の発表は、その実験結果がすばらしかったために、古典的な実験として、よく学者たちの間で引用されるほどです。

子どもたちもまた、小さなころから環境づくりには気を配る必要があります。ほとんど、何の刺激もあたえずに育てれば、子どもの頭の発達は悪くなり、そこからはなにひとつ目覚しいものはあらわれ出ないでしょう。

ある保育園の園長先生はこういっておられました。

「三歳、四歳で驚くほど想像性豊かな発想をする子どもたちがいます。その子たちは例外なく、みんな絵本好きの子どもたちです」

園長先生たちのなかには、「小さなときから絵本をたくさん読んであげることは、絵本の知識でいっぱいにして、何にもとらわれない自分の発想をさまたげる」とおっしゃる方がいますが、この考えには反対です。

絵本をたくさん読むから発想が豊かなのです。空っぽの頭からは何も出てはきません。

天才的な科学者で数学者でもあったアンリ・ポアンカレは、

「すぐれた創造とは、頭脳のなかに蓄えられたすぐれた知識の新しい異種結合にほかならない」

といいました。このことは、創造工学の根本原理として、いまでは広く受け入れられている考えです。

たとえば、プロの将棋指しになる訓練も、はじめは理屈抜きにたくさん定石を暗記することだといいます。

将棋の名人の頭脳には、過去のすぐれた定石がたくさん詰まっているのです。

これらのことからわかるように、小さな子どものときから、できるだけ多くの絵本を読んで聞かせましょう。それが子どもの、豊かな想像性を育てる第一歩です。

ここまではすぐれたインプットのお話です。次にアウトプットについて述べてみます。

◆ユダヤ家庭にみる創造訓練

インプットの後にはアウトプットを考えなくてはなりません。

ただ、多くの本を読んで聞かせるだけでなく、自分で創ったストーリーを話させる、書かせることが大切です。

そこでは俳句や詩、作文を書かせて、すぐれた創造性を育てる訓練をしましょう。

俳句といっても、何もむずかしいことを考えることはありません。やさしい俳句をできるだけたくさん、最初にインプットしてあげればよいのです

やがてコップの中でいっぱいになった水があふれるように、子どもの口から自然に俳句

が飛び出すようになります。

親はそれを大切に書きとめてくだされぱよいのです。すると子どもは喜んで次々に俳句を口にします。これがすぐれた創造性の訓練になるのです。

詩や作文も同じことです。はじめは親が、子どもの口から出た詩や作文らしきものを、こまめに書きとめる。そして、それをコンクールに応募するなどといったことをつづければ、いつのまにかそれが習慣になって、創造性の心が育っていきます。

そのほかには、考える習慣も大切にしましょう。ユダヤの国民は、非常に創造性豊かな国民として知られています。そのあらわれが、ノーベル賞受賞者の数です。

ノーベル賞受賞者の三二％がユダヤ人だといわれます。人口は一六〇〇万人しかいないユダヤ人でこの受賞者の数は、なんともおそるべき数だといえます。

ユダヤの父親は、幼児が三歳になったときから、幼児教育を開始します。

といっても、知識の詰め込みをするのではなく、子どもたちになぞなぞをあたえて考えさせるのです。

幼児にこのころから自分で考える習慣を植えつけるのです。

一方、ユダヤのお母さんは、日々の食事の献立を、よその家庭のそれと同じにならないように考えます。ユダヤのお母さんが書いた料理の本は、世界中のどの国よりも多いといわれるほどです。

子どもたちは、自分の母親が献立を考える姿を見て育ち、自分たちもよく考える子どもに育つというわけです。

◆まず、子どもに心と右脳の話をする

七田式では、小・中学生に対して講師がまず行うことがあります。それは、「自分には、はかりしれない能力がある」と気づかせることです。

これまでの左脳教育では、知識を教えることで頭の賢さを育てるという手法でした。この手法には限界があり、人間の持つ能力のわずか三％しか引き出せないことがわかっています。学校の授業でよい成績をあげ、受験のために学ぶという次元では考えるのではなく、もともと人間に秘められた無限の能力を引き出して育てる。七田式の基本的な観点はここにあります。

人間の持つ能力を引き出したうえで、その能力を何のために用いるのか。それをしっかりと教える必要があります。これが欠けると「仏つくって魂入れず」ということになりま

す。

七田式教育には、それらの具体的な手法がすべてそろえられています。それが、右脳教育法なのです。または、「全脳教育」といってもいいでしょう。

脳とは、単独で働くものではなく、右脳のすぐれた働きを左脳につなげなければなりません。右脳をまず開き、左脳につなぎ、論理的な思考の裏打ちをさせなくてはなりません。

Tくんという小学五年生の少年がいます。彼は三年生の三月に七田式の教室に入ってきました。

もともと彼は、学校でおとなしく椅子に座って授業を受けることができず、勝手に席を移動したりする子どもでした。運動面でも驚くほど遅れがあり、体育の時間も何もせず、ひとりだけみんなから離れていました。

それ以前はというと、三歳のころから異常行動が目立ち、相談所や施設を転々としていろいろな指導を受けました。いずれも変化はありませんでした。小学一年と二年のときは、特殊学級で、学習障害児として過ごしていました。

小学三年になって普通学級に入れてはもらったのですが、とても普通に授業が受けられる状態ではありませんでした。七田式の教室に入ったのは、そんなころの学年末のことでした。

Tくんには、左脳教育はほとんど行わず、右脳トレーニングを中心に進めました。呼吸法とイメージトレーニングに力を入れ、残像訓練・記憶法・漢字カードや地理カードのカードフラッシュ・理科の実験を取り入れることで、不思議さを体験させ、とにかく楽しいレッスンになるように心がけました。

それと同時に、Tくんのお母さんにも、右脳の働きについてお話をして、子どもとの一体感を持てるように指導を行いました。

その結果、現在では学校の授業で席を立つことはほとんどなくなり、先生の話もしっかり聞けるようになりました。

Tくんはいま、漢字テストでは毎回一〇〇点をとります。地理・歴史にはとくに強く、学級で一番の子も地理・歴史のことはTくんに聞くほどです。ほかのテストも平均六五点は取れるようになりました。縄跳び・柔軟体操もできるようになり、体育行事も休まず、バスケットボールに夢中です。

一年前までとは大きく変身したTくんは、今後ますます伸びていくことでしょう。

子どもの本性に焦点をあて、心を育てる教育では、このように顕著な例が多くみられるようになります。

学校にあがってからの勉強の指導には、まず、心や右脳についての話をしっかりとしておかなければなりません。

◆志を大きく育てる

七田式でイメージ力を育てた子どもたちには、何よりも大きな志を持たせるようにします。

子育ての基本は、子どもに「あなたは世界でひとりしかいない貴重な存在である」と教え、子どもを尊び、ほめて育てることです。

子どもに、「自分は世界にとって重要な存在である」と悟らせ、それには重い責任が伴うことを伝えましょう。「一人ひとりが自らの隠れた能力を最大限に引き出す義務があり、みんながその能力を引き出して、国のためや世界のために使うんだよ」と教えるのです。

くれぐれも目先だけにこだわった教育はやめましょう。目先だけの子育ては、つい子どもの知的な成長だけに注目しがちです。

もっと、将来をみすえた教育をしましょう。教育は、将来の日本を創り、世界を創るものです。

しかし、いまの教育では、二一世紀が必要としている創意にあふれる人材を育てることはできません。ただの受験教育だけに陥ってしまっているからです。

人間は何のために生きているのか。生命の根源的な問いを子どもに投げかけ、考えさせましょう。ただ、知的な強者をつくるだけの教育にならないようにしたいものです。

◆自分で考え、自分で答えを見つける姿勢を育てる

小学校での教育が、ただ知識を教えるだけであってはなりません。それでは創意工夫の働かない頭を育てるだけです。小学校に上がったら、本物の学力を育てることに力を入れましょう。

本物の学力とは、「なぜ?」と考えて、自分で答えを見つける姿勢を身につけていることです。ただ、答えがわかるというだけの教育ではだめなのです。大切なことは、応用力・問題処理能力が身についているかどうかです。

ところが、いまの教育では、大学卒業者の二割程度しか、この能力が育てられた者がいないともいわれています。

自分で学ぶ姿勢は、まず疑問を持つことからはじまります。疑問を持たない子どもには、発見がありません。自ら発見する学習は、子どもに学習の喜びを教えます。

自分で疑問を持ち、それを自分の力で解いて、答えを見つけ出す喜びを味わえるような学習指導をしましょう。

日本人はなぜ、創造性がとぼしいといわれるのでしょう。それはいまの教育が、ただ知識の詰め込み式で行われているためです。受験勉強教育が中心で、左脳ばかりを使わせる学習方法が用いられています。これがそもそもの間違いだといえます。

幼児期には、理屈抜きに暗示すればよいという学習をします。それはその時期の右脳を育てる学習法ですから、それでよいのです。

ところが、小学校に入学してからはそれだけではいけません。理がわかる、自分で理屈を考える訓練をすることが大切です。

◆七田式教育を実践している母親の報告

ここでは、数年間にわたって自分の子どもに七田式教育を行なっておられるお母さんたちの報告を紹介します。

滋賀県　Ｙ・Ｋさん

〈勉強を楽しんで積極的にやる娘〉

娘は一歳五ヵ月から七田式教育を受けており、今年、小学校に入学しました。学校での学習は簡単なため、何の苦もなく楽しそうにしています。

入学後しばらくして、娘は進学塾に行きたいと希望して、週二回通うようになりました。家での勉強も本人まかせで、娘はすべて自分で計画をたてて、学校の宿題と塾の宿題をしていますが、とにかく早いのです。

一日のお勉強時間は一〇分から一五分、長くて三〇分くらいです。夜、娘が眠ってから確認してみると、全部できています。間違いはほとんどありません。

塾の先生には、「夏休みが終わってからの、娘さんのやる気はすごいですよ。問題を解いてやるぞという姿勢がとても感じられます」といっていただきました。

このように、ただ計算をこなすだけの学習ではなく、自分から進んで難問に取り組み、クイズを解いていくような感覚で、娘は勉強を楽しんでいるのです。

七田式教育で育ったということで、娘は、勉強をやらされるのではなく、意欲的に取り組むという姿勢を自然に身につけたようです。

郵便はがき

恐縮ですが
切手を貼っ
てお出しく
ださい

1 6 0 - 0 0 2 2

東京都新宿区
新宿 1－10－1
(株) 文芸社
ご愛読者カード係行

書　名					
お買上 書店名	都道 府県　　市区 郡　　　書店				
ふりがな お名前			明治 大正 昭和　年生　歳		
ふりがな ご住所	□□□-□□□□			性別 男・女	
お電話 番　号	(書籍ご注文の際に必要です)	ご職業			

お買い求めの動機

1. 書店店頭で見て　2. 小社の目録を見て　3. 人にすすめられて
4. 新聞広告、雑誌記事、書評を見て(新聞、雑誌名　　　　　　)

上の質問に 1. と答えられた方の直接的な動機

1. タイトル　2. 著者　3. 目次　4. カバーデザイン　5. 帯　6. その他(　　　)

ご購読新聞　　　　　　新聞	ご購読雑誌

文芸社の本をお買い求めいただき誠にありがとうございます。
この愛読者カードは今後の小社出版の企画およびイベント等の資料として役立たせていただきます。

本書についてのご意見、ご感想をお聞かせください。

① 内容について

② カバー、タイトルについて

今後、とりあげてほしいテーマを掲げてください。

最近読んでおもしろかった本と、その理由をお聞かせください。

ご協力ありがとうございました。

〈ブックサービスのご案内〉

小社では、書籍の直接販売を料金着払いの宅急便サービスにて承っております。ご購入希望がございましたら下の欄に書名と冊数をお書きの上ご返送ください。(送料1回210円)

ご注文書名	冊数	ご注文書名	冊数
	冊		冊
	冊		冊

勉強ができるできないではなく、娘のこんな姿勢が親としてはうれしいのです。今、私が娘にやってあげていることが、これからは娘が自分で役立てていく時期がきたようです。

千葉県　K・Sさん

四年生の娘と六年生の息子がおります。私が仕事で忙しいときは、食事を作ってくれたり、家事の手伝いもやってくれます。

最近では、日常的な取り組みがほとんどできていませんが、ただイメージだけは大切なことなので、必ず毎朝見えたものを紙に書かせています。

また、主人や私が体調をこわしたときなど、イメージでヒーリングをしてもらっています。ちょっとした頭痛や筋肉痛などは、スッと治ってしまいます。

子どもたちは、主人の帰宅時間や、お互いの帰宅する時刻がイメージで見え、「○時○分」と、分刻みで正確にいいあてることができます。それも帰宅の前後の状況までも、ぴたりといいあててしまいます。

こんなふうですから、二人とも学校に行くのがとても楽しいようです。上の子は部活動や役員の仕事などでとても忙しそうです。

運動面でも、運動能力賞をいただきました。それも全校で男子は五人、女子は二人しかいただけない賞だったそうです。いろいろなことに上達が早く、体操部に所属している娘は、近所のジムにも通うようになり、張り切っています。コーチから新しい技を教わってもその場でおぼえていくので、時々のぞきに行く私も、見ているのが楽しくなってきます。

息子は、九月からある進学塾の日曜テストだけを受けに行っています。偏差値の推移が最初こそ五〇で、先生からは、「いくらがんばってもいまから偏差値六〇以上をめざすのは無理」といわれたのですが、次のテストでは五七、そのあと毎週のテストで六七、七〇と上がっていきました。塾に行かないにもかかわらず、この上昇曲線には先生も驚かれ、いったいどんな勉強のさせかたをしているのですか」と訊かれましたが、まさか、「息子は速読で一度読めばすぐに頭に入ります」ともいえず、「ただ参考書を読んでいるだけです」とだけ答えました。

やはり、イメージの力はすごいですね。

記憶するものや、パターンで解くものなどはまったく問題がないようですが、算数の難問などでは解けないものがあり、習わないとむずかしいものもあるようです。

勉強を続けることというのは、大切なことなのですね。

◆愛情と一体化で子どもは変わる

子どもの能力にどんなに遅れがあっても、脳に障害があっても、お母さんが子どもに愛情を伝え、一体化をはかるようにすると、子どもは急速に変わっていきます。そのことで右脳がよく働くようになるからです。

愛とともに、一体化を伝えるのによい方法は、子どもを胎児に戻すイメージトレーニングです。これは、障害のない子どもにもぜひ行なってほしいもっとも基本的なイメージトレーニングです。

札幌インターナショナル幼稚舎　小杉さとみ先生の報告

七田式の講習から戻り、さっそく園児たちを胎児に戻すイメージトレーニングをいたしました。幼稚園なので母親は一緒にいませんが、まず、瞑想・呼吸をして、「お母さんはみんなのことをあたたかく見守り、抱っこしてくれているのよ。心臓の音がゆっくり聞こえ、あなたはお母さんと一緒にいますよ」と暗示をあたえ、胎児に戻すイメージトレーニングをしてみたのです。

すると、目を閉じた子どもたちが、つぎつぎに足を丸め、まるで母親のおなかのなかにいるような姿勢になりました。いつもはたいてい途中で目をあけてしまい、きちんとイメージできない子どもも、このときは、やさしい顔で一緒にしていました。

そして、子どもたちに「どんな感じだった?」と聞くと、

「水の中にいるみたいだった」

「お母さんとたくさんお話したの」

「血の流れる音が聞こえたよ」

などなど、これまで聞かれなかった言葉がどんどん出てきたのです。

そのなかに、自閉的なAくんという子どもがいました。彼はそれまで、床にごろごろしてばかりいたり、ゴミを口に入れたりする子どもで、相手と視線を合わせて話ができないタイプでした。それがいまは、しっかりと目を合わせて話を聞くだけでなく、自分から話ができるまでになりました。

そして、先週からは、一人で園バスに乗り、登園してくるようになりました。

ほかの子どもたちも、記憶力や集中力など、おもしろいほどの成果があらわれています。

◆遅れを気にせず働きかける

七田式教育では、

＊遅れを気にしない

＊比べない

とよくいいます。これで「子育てが楽になった」という言葉がよくお母さんから聞かれます。

子どもは一人ひとり、未開発のすばらしい右脳能力を持っています。その能力を使えるようにしたら、いまの遅れはたちまち取り戻し、さらに進んだ子どもに育てることさえ可能です。それで、「子どもの遅れは悩むことではない」といっています。

だからといって、なにもせずに遅れたままにしてよいといっているのではありません。

ある講演会場で、私にこう訊いたお母さんがいました。

「子どもが四歳のとき、遅れがあってもいい、ほかの子どもとは比べなくていいといわれて、すっかり子育てが楽になりなり、そのとおりに育ててきました。いま、子どもは小学校二年生で、クラスで一番遅れています。いつまでこれを続ければよいのでしょう」

私はこれを聞いて驚きました。遅れていいと、ただ見ているだけでは、子どもはいつまでも遅れたままでいてしまいます。ちゃんと働きかけをしなければならないのです。

遅れていてもいい。それは悩むことではありません。

ただ、そのあとに、子どもにしっかりと愛を伝え、一体感を育てることで、子どもが右脳を開いて、スッと取り戻しができるようになる。そう信じて、ひたすら右脳へのインプットを心がけてくださる必要があります。

そのとき、すぐに結果を求めないでください。ほかの障害を持つ子どもたちが、数ヵ月で取り戻したということを見聞きして、わが子にはなかなか成果が見えないというとき、親はまた悩んでしまいます。

そこで悩んでしまっては、ここまでせっかくよい働きかけを続けてきたのに、再び遅れを気にする親へと逆戻りしてしまう。こんなケースはよくあることです。

◆言葉を多量にインプットする

子どもの頭の働きをよくするには、言葉を大量にインプットすることが条件です。それも高速インプットで行います。

左脳は低速リズムで働く頭で、少しずつ理解し、全体にいたるという原理で働いています。右脳は、高速リズムで働き、全体を一瞬にしてつかみ、それから部分へいたるという、左脳とは逆のリズムで働きます。

〇歳から六歳までの右脳が優位に働く時期は、高速大量インプットの働きかけで、容易に右脳のすぐれた未知能力を引き出せる時代です。

左脳の教育法では、少しずつ理解させて記憶させようとします。そして、理解をともなわない知識のインプットは、真の教育ではないと考えます。

これは、よい考え方ではありません。

右脳教育法では、理解を求めず、高速で大量にインプットします。すると、それは右脳を活性化し、右脳のすぐれた進化機能を引き出すことになります。

左脳法で、ゆっくり少しずつ理解させ、記憶させ、考えさせるという方法では、左脳への入力にしかならず、左脳の出力しか得られないのです。

左脳への入力法では、人間の持っている能力の三％程度しか引き出せないのです。

右脳に高速大量インプットすると、単に記憶をするというのではなく、一度見せたものを一瞬に記憶するのです。そして、入力された情報間に働く法則を右脳が勝手に理解して、高度なコンピュータ操作をして、すぐれた情報に加工する働きがあるのです。

第四章◆七田式教育はこうして生まれた

◆父のこと

■商人を嫌って家出

私の父牛尾積は、島根県那賀郡嘉久志村というところで生まれました。そこは現在、私が住んでいるところでもあり、江津《ごうつ》市のなかにあります。市の中央には日本で十番目に大きい江《ごう》の川が流れています。

この川は昔、可愛川と書いて「えのかわ」といいました。それがのちに江の川となったものです。高校野球の甲子園大会に出場したことのある江の川高校といえば、プロ野球ファンのなかには、「ああ、中日ドラゴンズの谷繁捕手の出身校か」とうなずく人もおられるかもしれません。

牛尾積は、一八九二年（明治二五年）の生まれで、田村屋という呉服店の五男坊として誕生しました。やがて、尋常小学校の高等科を卒業した積は、家業を手伝うことになります。

ところが、積の胸のうちには、もっと勉強したいという思いが強くあり、上の学校に行かせてほしいと頼みました。それに対して返ってきた父の言葉は、「商売人の子どもに学問はいらない」というものでした。

当時の小学校令では、四年間の尋常小学校過程の上にさらに四年間の高等小学校がありました。つまり、「四・四制」です。家族にしてみれば、商人になるのならそれだけ学べば十分という考えがあったのでしょう。

積は、家業の呉服を商う行商の手伝いをしながら、それでも「もっと学問がしたい」という思いはつのっていきました。

そこで一七歳になったある日、積は思いきって家出を敢行することにしました。当時はまだこの地方に鉄道は開通しておりません。現在は浜田市となっている浜田の瀬戸ヶ島から出る船に乗り、下関に向かいました。

港では、北海道行きの大きな船でキャビンボーイを募集していました。積はそれに応募して採用され、北海道まで航海して、下関に戻ってきたのは二ヵ月後のことでした。

当時の船員さんたちには学問のない人が多く、ここでの日常も積の心を昂揚させるものはありませんでした。日ごろの話題も下卑た事柄が多く、そんな生活に嫌気がさした積は、そのまま船員として仕事を続ける気はなく、下関で下船して門司へと渡りました。

門司にいる同郷の先輩を訪ねることにしたのです。

■七田の養子になる

門司に行った積が頼った先は、二七歳で門鉄（門司鉄道管理局）の改札係をしていた七田茂吉でした。茂吉は積の話を聞いて、「それなら、私の養子になって、昼間は働きながら小倉工業学校の夜間部に通ったらどうか」と提案しました。積がその話に飛びついたのはいうまでもありません。

この七田茂吉という人は旧姓を立川といい、父の積とは同じ村の出身です。七田モンと結婚して養子になっていました。そこにまた私の父が養子に入ったのです。当時の茂吉には子どもがなく、一〇歳しか年の違わない一七歳の積を養子に迎えることになりました。

これはいまの常識ではちょっと考えにくいことで、そのような決断をした茂吉という人を考えるにつけ、昔の人は偉かったのだと思うのです。

こうして父は、小倉工業高校の夜間部に四年間通いはじめることになります。さらに積は、上級学校に上がることを望み、満州の旅順（現在の中国遼寧省大連市の一地区）にあった旅順工科学堂（のちの旅順工科大学）へと進みました。

旅順工科学堂では、積は寮に住むことになりました。遠い回り道のあげく、進学した積は同級生と比べると当然年をとっており、ニックネームは「おやじさん」だったといいます。

ここで四年間の学業を修め、さて就職というときに、困ったことが起きました。積は成績も優秀で学校の推薦があったにもかかわらず、年齢が高いという理由で、どの会社からもお呼びがかからなかったのです。

学友たちの就職が次々に決まるなか、積はぽつんと取り残されたような思いでいました。

■結婚と栄枯盛衰

結局、父の積と、学校でもっとも成績の悪かったYさんという人だけが就職が決まらないままで残っていました。

ある日、学長が二人を呼び出していいました。「奉天鉄道という新興の会社がうちの卒業生を求めているが、きみたち、行く気があるかね」

二人がその誘いを受け入れたのはもちろんのことです。

そのころ、満州（現在の中国では、遼寧・吉林・黒竜江の東三省の総称）は、大連鉄道、新京鉄道、哈爾濱《ハルピン》鉄道などに分かれていて、奉天鉄道はもっとも新しい会社なのでした。これがまたどういう幸運か、その奉天鉄道がもっとも業績が伸びていき、ほかの鉄道会社を併合して南満州鉄道株式会社（略称・満鉄）に一本化されたのです。

就職活動でも遅れをとり、貧乏クジをひいたと同級生たちにも思われていた積。ところが、併合の際にもとから奉天鉄道にいたために、新会社でも中枢の地位を占めることになります。これはまさに異例の出世といえるものでした。

若くして課長になった積は、結婚を考えるようになり、花嫁を探しに日本へと向かいます。そうして訪ねたのが小倉にある小倉女子高校でした。

父は校長先生に会って事情を話し、その春主席で卒業した生徒を紹介していただきました。それがのちに私の母になる田口キクエです。

キクエは積と結婚して一女三男をもうけます。そして、末っ子の私を産んだあと、病にかかって入院、乳飲み子の私を残したまま他界してしまいました。母の葬式は、父の積が全盛のころでもあり、参列者は千名を超える盛大なものだったといいます。

それに比べると、戦後になって田舎から戻り、逼塞《ひっそく》していた父が亡くなったときの葬式は、ほんの身内だけの寂しいものでした。それはまさに一人の男の栄枯盛衰を見る思いでした。

■その処世訓

父はよく、自分の体験から得た処世訓を、少年の私によく語ってくれました。それらの体験談は、私の心の奥深くにしまわれ、後年、私が生きていくうえでとても参考になりました。

なかでも、父がよく私に語ったのは「運・鈍・根」についてでした。

父は私に人間が生きていくうえで「運・鈍・根」という大切な三つの要素があるといいました。父が語った「運」について要約すると次のようになります。

〈運とは、人間についてまわる運命や運勢のことである。それは単に運がよいということではなく、まず大きな志を持つことが大切。大きな志を持てば、それにともなって運もついてくる。志が大きければ運も大きく開け、志が小さいと運も小さい。

志が大きいというのは、自分のことだけを考えるのではなく、いかに多くの人のためになることを考える。その考え方のスケールの大きさにある。〉

父が向学の志を捨てなかったのも、そんなあらわれだったのでしょう。私が志を大きく持って、常に本を読みつづける姿勢を忘れないのも、若いころからこんな教えを聞かされて育ったからだと思います。

「鈍」については、父はこういっていました。

〈人間は鋭さをおもてにあらわしてはいけない。鋭さは内に秘めて、表面は鈍であるほうがよい。鋭い人は周りと調和せず、人を傷つけ、自分も傷つけることになる。〉

これはまさに父のふだんの姿そのものだったと思っています。

また「根」については、

〈人間は何より根気強くなければならない。ひとつのことをやろうと決心したら、倦まず弛まず努力を続け、一〇年でも二〇年でも三〇年でもひとつのことを追い求める。そうすると、必ずひとかどの人間になることができる。〉

父のこういう言葉はいま振り返ると、私の生き方に大きな影響を残しています。

私は無意識に、父のいっていたとおりの生き方を、自分の生き方にしていったように思います。

このことから、父親は、わが子が小さいときに、影響をあたえる言葉を意識して使うべきだと思うのです。

■父の人間の見方

父は私に、人間の見方についても教えてくれました。それは、会社で父が部下をどういうふうにして育てたかという話でした。

父が新しい部署に新任の課長としてともに転任したときのことです。前任の課長からの申し送りで、「この課には乱暴者で仕事をしない札付きの不良社員が三人いる」というのです。

すると父は、着任してすぐ三人を課長室に呼んでいいました。

「きみたちは会社でみんなにどう思われているか知っているか？」

彼らは「知っている」と答えます。父は重ねて尋ねました。

「なぜ、きみたちは不良社員と思われているのか？」

「私たちが働かないからです」

「なぜ働かないのかね」

「いくら働いても、周りからは不良社員という目で見られてしまい、正しく評価されないからです」

そこで父は、「私は人間を色眼鏡で見ることはしない。きみたちのそのままを見る。もしもきみたちが一生懸命に働けば、私はそのとおりの評価をしよう。きみたちが働かなければ、いつまでも不良社員のレッテルを貼られたままで過ごすことになる。どっちを選ぶかね」と問いかけます。

三人の不良社員は、父のこの言葉に発奮して、以後は一生懸命に働くことを誓い、その日から変身してしまったのです。

父が新任の課長になると、どの課でも不良社員がいなくなりました。上司である部長が父に、「不良社員たちの勤務評定がよくなっているが、間違いではないか」と聞かれました。父は「評定は間違いなどではありません。彼らがいかにがんばっているか、ご自分の目で確かめてみてください」と答えるのでした。

このように父は人を変えることの名人でした。それは父が人間を信頼していたからなのでしょう。父は私によくいいました。

「悪い人間なんていないものだ。一人の人間が相手に尊敬の念で接すれば、どんな不良社員でも必ずよくなる。一人ひとりの人間に尊敬の念を持って接することが大切なのだよ」

この言葉はいまでも私のなかに刻みつけられています。

◆七田式教育スタートのきっかけ

私が北九州で大学生活を送っているころ、アルバイトでひとりの中学生の家庭教師をしたことがありました。彼の名前を仮にAくんとしておきましょう。このAくんは、五分前に教えたことが記憶に残らないという中学二年生でした。

このとき私は、ひとつの素朴な疑問を抱くことになりました。それは、〈人間の能力や才能は、生まれつき定まったものなのか。それとも、生後の教育によって定まるものなのか。〉ということでした。それが「七田児童教育研究所」のスタートにつながることになります。

それ以降、私はいろいろな書店や古書店、図書館に足しげく通い、人間の脳についての文献をあさるように調べました。

しかし、当時はまだ第二次世界大戦が終わった直後のころで、脳に関する研究は、世界でもまだ乏しいという状況だったのです。

脳に関する研究、とくに大脳生理学の研究が盛んになるのは、一九五〇年代の後半まで待たなければなりませんでした。

その少し前の一九五四年から翌年にかけてのころ、私はある古書店で、大正年間に出版された『英才教育の理論と実際』という本を手にします。この本にカール・ビッテとその教育理論「才能逓減《ていげん》の法則理論」が書かれていたのです。

私は直感的に、この理論の正しさを信じ、その理論の実践を心に誓いました。

カール・ビッテの教育は、画一的な学校教育とは異なるもので、個人が生来持っている大きな可能性を引き出す目標で書かれたものでした。

この著作との出会いがきっかけとなって、私は公で行われる教育ではなく、「特殊教育」を一生の研究テーマにしようと志すことになりました。

◆教育研究所開設と長男の誕生

一九五八年、私は島根県江津市本町に教育研究所を開きました。江川《ごうのかわ》に面した民家で、二間ある二階建ての八畳の一室が教室でした。

看板には、英語クラス、フランス語クラス、タイプクラスと掲げました。

当時はまだ幼児クラスはなく、主に小中学生に語学を教えていました。また、開設と同時にはじめた高校生対象の英会話クラス一二名のなかから、翌年のＡＦＳ留学試験に合格者を出して、一躍周りの注目を集めることになりました。

一九五九年、三〇歳になった私は結婚、やがて長男淳が誕生しました。

この長男に対して、私はビッテの理論に従い、早期教育を試みることにしました。

豊かに言葉がけをして、長男を抱いて川沿いの道を散歩しながら、目に入る川や山、雀、犬、猫などを指差しながら、言葉を添えて語りかけるのが、その一歩でした。

長男がまだ二歳にも満たない生後一歳一ヵ月のころ、教室の黒板に「川」という字を書き、「毎日、きみは川を見ているでしょう。これは川という字。ほら、水がこの字のように流れているでしょう」

と、いって聞かせると、長男は一度で覚えてしまいました。

翌日は「山」という字を教え、その次は「犬」「猫」「雀」「空」「月」「太陽」「牛乳」と、毎日教える文字を増やしていきました。教室を訪れる生徒たちも、二歳にならない子どもが、たくさんの漢字を読むのを知って驚嘆していました。

◆長男の死と次男への教育

長男の淳は、こうして賢く育っていき、四歳になると自由に本を読み、上手に水彩画を描くようになっていきました。教室の生徒たちのなかには、そんな淳を小学生と間違えるほどでした。

しかし、不幸なことに長男は、白血病にかかってしまい、四歳半で米子医大病院において短い一生を終えました。

この長男の不孝な死によって、私たち夫婦はしばらく放心状態の日が続きました。次男厚の教育にも身が入らず、しばらくは何もしない無為の日々がありました。

妻の「次男にはしばらく早期教育をひかえてほしい」という希望もあって、私は次男の厚には早くから字を教えることをまったくしませんでした。

ところが、次男が満三歳を迎えた誕生日に、「才能逓減の法則」を信じている私は、にわかに心配になって、妻の留守をねらって、字を一文字だけ教えてみたのです。

翌日、次男に前日に教えた字を示して、「これは何ていう字かな?」と聞くと、「知らん」という返事がかえりました。私は愕然としました。

長男のときには、翌日きちんと覚えていて正しい答えが返ってきたのに、次男のその違いには、がっかりせざるをえなかったのです。

もっともこれには、長男のときには漢字から教え、次男にはひらがなから教えたという違いがありました。

私は、ここであきらめては次男の素質を引き出せずに終わってしまうと考えました。そこでまた、お遊びの一環としてひそかにひらがなを教えることを続けます。

積み木遊び、カルタ取りのなかに、教えたひらがなをカードにしておいて取らせるというやり方でした。

すると次男は、一月もたたないうちにひらがなを全部正しく取れるようになり、「これはまだいける」と、私は確信したのです。

こうして次男は、四歳半のころには、小学校低学年の本を黙読するまでに育ちました。

ある日、次男が中耳炎にかかり、通っていた医院の待合室で『アリババと40人の盗賊』という本を黙読していました。これを見ていた五〇歳くらいの男性の患者さんに、「坊や、その本が読めるの？　おじさんにも読んで聞かせてよ」と、声をかけられました。

次男はすらすらと読んでみせ、男性を驚かせたこともありました。

「四歳の子どもが、こんなふうに読めるものですかね。お宅はどんな教育をしているのですか」

私はそのとき、「才能逓減の法則」をお話ししました。

この男性は、隣の市にある幼稚園の園長先生で、初めて聞く私の理論にしきりに耳をかたむけておられました。

◆地元紙に「0歳教育」を連載

同じころ私は、三人の子どもたちに同時に英語の環境をあたえてみようと思い立ちました。それにあたっては、次のようなことを考慮にいれました。

① その教育法は、七田家だけの特別な方法にならないようにして、どこの家庭でも真似ができるモデルとすること。

② そのために一日三〇分、英語のテープを流す。三十分なら、どの家庭でも実行できる。

③ 両親は英語を口にせず、ただ英語のテープを聴かせるだけにする。

こうして、それぞれの家庭の食卓にテープレコーダーを取り付け、朝夕の食事がはじまるとスイッチを入れることにしました。

そうやって育った三人の子どもたちはどうだったでしょう。

三人の子どものうち、真ん中の敦子は、英語のテープを聞くのが好きな子どもに育ち、暇があると自分からテープを聞いて、しまいにはすっかりバイリンガルの能力を育てました。

やがて彼女は、英語雑誌『アルク』に、「テープを聴いただけで、バイリンガル能力が備わった実例」として紹介されることになります。

これと同じころ、一九七一年の一月二一日号の週刊現代に、〈米国で大評判の〝〇歳からの教育〟日本に上陸〉という記事が掲載されます。

私はこれを見て、自分が長年研究してきた〇歳教育について、世に問う時期がきていることを悟りました。

そこでさっそく地元の新聞である江津タイムズの編集長のお宅へと出かけました。週刊誌の記事を見せて、江津タイムズの文化欄に〇歳教育についての連載記事を書かせてもらうことを頼みに行ったのです。

こうして一九七〇年一二月から翌年の一〇月まで、約四〇回にわたって連載原稿が掲載されることになりました。

一九七二年には、それが一冊の本にまとまって『0歳教育』という書名で江津タイムズから発刊されました。

しかし、反響はほとんどありませんでした。私はもっと広く日本中の読者に読んでいただきたいと思い、前著に加筆して『0歳教育の秘密』と題して栄光出版社から自費で発刊しました。一九七六年のことです。

この本は版を重ねて一〇万部を超すロングセラーになっています。

◆機関紙の発行

一九七六年に『0歳教育の秘密』が出版されて一ヵ月後、東京の日本経済通信社という出版社の岩江次男社長から「第二作目を当社から出させてほしい」と直々に電話をいただき、『塾なんかもういらない』(のちに『赤ちゃんを賢く育てる秘訣』に改題)が出版されることになります。

これを皮切りに、現在まで一〇〇冊を超える著作を出させていただくことになりました。この『0歳教育の秘密』の背カバーに、〝0歳教育友の会〟の会員募集の広告を載せたところ、会員が少しずつ集まるようになりました。

そこで私は、機関紙の発行を考えました。それが一九七七年の機関紙『0歳教育』のスタートでした。事務所には江津市の私の旧宅をあてました。はじめは私ひとりですべてをきりもりし、事務員さんはいませんでした。

当時の『0歳教育』新聞は、B5判8ページだて、会費は年間三六〇〇円でした。

第一号にはアメリカのスタインバーグ教授の言語教育法が紹介されていました。これは同教授夫妻の「赤ん坊は生まれてすぐには話せないが、字を読むのは楽にできるはず」という新説をもとに、自分の子に生まれてすぐ文字を教える教育をして優れた子に育てた実践を紹介したものです。

◆最初の教材を世に出す

一九七六年、広島の出版社から私の考案した「もじのカード遊び」が出されました。

これはその前年に、学研の記者が江津市までおみえになったことがきっかけでした。その方は「三歳の子どもにひらがなを無理なく教える方法」について取材して帰り、三歳のわが子にそのとおりの教え方を試みたところ、その子は一ヵ月もたたないうちにひらがな五〇音をすべて覚えてしまいました。それを学研刊『お母さん』五月号にその方法を紹介、実践教材として発刊されたものでした。

広島の出版社とは、これがきっかけでつながりができました。そのご縁で、私は事務所を江津市から広島市のその出版社内に移すことにしました。このころの〇歳教育友の会の会員数は約三〇〇名でした。

この年には、私が考案したいくつかの教材が出版されました。同時に講演会を開いていろいろな方たちに自分の教育に対する考え方をお伝えしようと考えました。

これがきっかけとなって、各地の幼稚園で七田式を取り入れるところが増えていきました。一九七八年当時の、七田式教育を採用した幼稚園は三六を数えました。

一九七六年になると、週刊ポストで、七田式幼児教育が全国に紹介されました。その内容は、七田式で育った子どもが四歳で英検四級に合格したことを報じたものです。

七田式を取り入れたパドマ幼稚園では、全園児のＩＱ平均が一四二・五に達して、年長時の女子平均は一五三を示しました。

このころ、前述の広島の出版社が倒産、「七田児童教育研究所」は広島から再び江津市へと戻ります。

心機一転、江津ではじまった研究所は、これを機会にして正式に会社組織にすることにしました。〇歳教育の仕事を本格的な事業として取り組むことを決意したのです。あくまで事務所は私の自宅でしたが、アルバイトの事務員さんや正社員を雇ったりと、なんとか活気づいていきました。

このころの会員数は約七〇〇名。扱う事務の量も増えたため、自宅の二階に事務所を増設しました。

◆右脳教育のはじまり

ロジャー・スペリーが右脳の研究でノーベル賞を受賞した一九八一年の『0歳教育』紙上には、右半球（右脳）のことが早くも紹介されています。このころからすでに右脳教育の成果があらわれはじめていたのです。右脳に注目する七田式の幼児教育は、会社組織として再スタートする少し前からはじまりました。

生徒の数は三名。レッスン内容は、カルタ取り（四種の動物）色分け、色並べ、仲間はずれ探し、漢字、二文字の学習などでした。

続いて五歳児クラスもオープンし、四名の生徒が入室しました。いずれも、遊びの感覚で数や文字の認識を深めていくという方法を用いていました。

会社組織になっても、この幼児教育はしばらく続きました。このころの七田幼児教育研究会の加盟幼稚園は、全国で六四園でした。

一九八三年になると東京都新宿に東京事務所をオープン。これが児童英語研究所のはじまりでしたが、当時はまだ英語は教えておらず、母親の子育て相談を行なっていました。

そこでは、言葉の出ない子どもの相談が相次いでいました。七田式の指導を行うと、子どもたちの言葉が次々と出るようになり、それがきっかけで『奇跡が起きる七田式0歳教育』の発刊が決まりました。

障害児の言葉を育てる本『七田眞の障害児を普通児に育てる本』が出たのもこの年でした。

一九八三年になると、妊娠中の胎教など、胎児への教育を積極的に展開するようになります。助産婦会などでの講演も多くなっていきました。

七田式の胎教をして生まれた赤ちゃんは、安産で、障害を持たずに生まれ、言葉が早く、吸収力がよく、おだやかで育てやすい、などの評価をいただきました。

この翌年あたりから、私が採用しているドッツの成功についてのお母さんたちのお便りが激増していきました。

ドッツの成功は、お母さんの考え方次第であることがよくわかります。もともとドッツの能力（電光石火の計算力＝右脳の計算力）は、赤ちゃんのころに組み込まれている能力なのです。どの赤ちゃんにもできてあたりまえなのです。

◆現在のようす

一九八七年一〇月、「七田児童教育研究所」の実権を息子に譲り、七田厚が二代目社長に就任、七田眞は会長となります。

その年の一一月に別資本の株式会社七田チャイルドアカデミーが発足し、二〇〇二年の現在ではその教室が日本全国に広がり、四〇〇教室を数えるようになります。

一九九〇年二月には、サンケイ新聞に「赤ちゃんはみな天才」と題して、私の連載が始まり、これが一九九三年の三月まで三年間続きます。

その年から三年間、小学校の先生方が読む教育雑誌『ツーウェイ』にも連載が始まります。

そうして次第に世の中に七田式の右脳教育法が広がり、子どもたちの教育法としてだけではなく、成人の右脳開発法として広げる必要を感じ、一九九一年四月には、大人のための右脳開発誌として『潜在能力開発』を創刊します。

一九九六年八月、総合法令出版より出版された『超右脳革命』が三〇万部を超すベストセラーとなり、この頃より七田式の右脳教育法の世間における認知度が高まるに到ります。

アメリカ、台湾、韓国、シンガポールにも七田式右脳教育が広まり、そのような幅広い努力に対して、一九九七年四月一日、日本文化振興会より、社会文化功労賞が授与され、続いて六月二十五日、国際学士院（本部アメリカ）より、学士院会員フェローの地位と称号、および世界学術文化審議会より、七田右脳教育を評価して「〝最優秀理論、七田式右脳開発法〟本審議会は、この度貴殿に対し、専門分野における功績を讃え、頭書の最高功労賞を贈り、その栄誉を永久に記します」と記した栄誉賞をいただくに到りました。

二〇〇一年に入り、七田式右脳教育法は山梨県の日本航空高等学校によって取り入れられることになりました。

するとたちまちスポーツ部で顕著な成績があらわれました。以下に日本航空高等学校の浅川正人教頭先生の文を掲げさせていただきます。

■本校に右脳教育を取り入れて（平成一四年四月）

七田眞先生のご指導により、昨年春より本校に右脳教育を導入したところ、特にスポーツに顕著な成果が出ている。

高校生の潜在能力の素晴らしさに改めて驚くと同時に右脳教育の重要性を実感した。

平成13年度運動部の主な成績

野球部
　4月　山梨県高等学校野球春季大会　優勝（前年度3回戦敗退）、関東大会出場
　8月　全国高等学校野球選手権　山梨県大会優勝（前年度予選準々決勝敗退）、甲子園出場（3年ぶり2回目）
　　　1回戦　日本航空11－1鳴門工業、2回戦　日本航空　4－1宜野　3回戦進出（ベスト16）、3回戦　日本航空　1－7日大三高
銃剣道部
　7月　全国高等学校銃剣道大会　初優勝
剣道部
　5月　山梨県高等学校総合体育大会　優勝
　6月　全国高等学校総合体育大会山梨県予選　優勝（前年度2位）
　8月　全国高等学校総合体育大会　出場
１０月　山梨県高等学校新人大会　優勝
　1月　全国高等学校剣道選抜大会　県予選優勝（前年度2位）
　3月　全国高等学校剣道選抜大会出場（2年ぶり4回目）
柔道部
　5月　山梨県高等学校総合体育大会　準優勝
　1月　全国高等学校柔道選手権大会　山梨県大会初優勝（前年度2位）
　3月　全国高等学校柔道選手権大会　出場（初出場）
バレー
１０月　山梨県高等学校　新人大会　初優勝（前年度4位）
　1月　春の全国高等学校バレーボール大会　山梨県予選　準優勝
水泳
　5月　山梨県高等学校総合体育大会　準優勝（前年度6位）

4月から毎朝の瞑想を取り入れてから、わずか1か月後の4月に行われた山梨県高等学校総合体育大会では、総合成績で43校中過去最高の3位タイの成績を収めた。（前年度8位）

6月のインターハイ予選では剣道が団体優勝し、柔道も個人戦で7階級のうち4階級を制覇し全国高校総体の出場権を獲得した。

7月は銃剣道が全国優勝し、野球部は県大会の決勝戦を接戦でサヨナラ勝ちし甲子園の出場を決めた。

今年は剣道が春の全国選抜、柔道は全国高校選手権の出場権を獲得した。

◆右脳教育では夢と志を育てることを大切にする

右脳教育では、人間としていかに生きるかを教えることを一番大切にします。ここを忘れて、子どもの学力だけを伸ばすことを考えていると、子どもの様子がおかしくなります。その場合でも、親が間違いに気づき、人間として何が大切か、本来の問題に立ち返ると子どもの心が正されます。

そうした、人間としていかに生きるかを学ぶことが本来の学問であって、知識や技術だけを学ぶことが学問なのではありません。

子どもに夢や志を持たせ、自分の夢や志を通して世の中に貢献し、人に尽くしていくのが人間としての良い生き方だよ、と教えると、どの子も正しい道を歩むようになります。人間としていかに生きるか、「人間学」を教えることが大切なのです。そのことを七田式の右脳教育を教えるすべての先生方に理解してもらっています。

次は七田チャイルドアカデミー教室の先生のレポート。

七田チャイルドアカデミー教室R・K先生のレポート

〈人としていかに生き、学び、人のために役立っているかという人間学の教えを、今後、多くの子

ども達に教え、考えさせたいと思いました〉

今年、小学五年生の子どもと再会しました。その子は、小学一年生までを七田教室に通い、とても高い能力を持っていた子どもでした。七田をやめてから、登校拒否、学習態度、やる気のない日々に、三年の時に陥ったそうです。それは、その子の親が、子どもの志を親として認めてあげることへの話がなく、何の為に学ぶかを教えなくなったからだと思います。七田に来ていた時はそのことを理解してはいたのだろうと思いますが、それから努力することや、学ぼうという意欲がなくなり、（やめたときは、高い学力を持っていたので）そのうち、友達に追いつかれ、ある時気がついたら、テストも点が取れなくなっていたそうです。お母様に相談され、イメージトレーニングをすると良いことを教え、一ヵ月それに向けて志を立てさせ学ぶことをさせました。校長先生がおっしゃる通りを実行しただけです。

最初に心をやさしくし、母との一体化をさせました。お母様にも母がいますので、そこも一体化させました。お母様は涙を光らせていました。心がほぐれ、何になりたいかを聞きました。「バスプロになりたい」という彼です。バスプロとはブラックバスという魚を釣る名人のことです。次に何になりたいかと聞くと、「プロ野球の選手」と答えました。実はその家では、医者の息子ということで、お医者さんになってほしいと道を決めさせられていたのです。というより、子どもの意見はあまり受け入れてもらえなかったといえました。

夢を実現させるためや、父親の職業の尊さを教え、何においても、今、あなたがやるべきことは、学び、経験しながら、集中心や忍耐を勉強や遊び、本から学ぶことが大切ということを伝え、それをいつも考えながら、何においても、生き生きと光っているとイメージさせました。すると…それからのテストでは毎回百点を取ってきて、母と「人としての生き方」ということについても話せるようになったそうです。どうやら、七田式で育った子ども達は思春期も早いようですが、この子はいままでは、考えるべき人間学がなかったから、少し寄り道をしてきたのだと思いました。

子ども達は、心をきれいにし、イメージをすることで、学ぶことや目標に向かって何をしていったらよいかがわかります。

私の娘にも「学校では道徳があるの？」と聞くと、「いじめについて差別について」という時間があるけど、と答えます。人間学というものを考えることについて、公の学校が悪い状況におかれているのかもしれません。七田式の考えが、これからの子ども達を大きく変えていくことを願い、ますます七田校長の教えを皆に伝えていきたいと思いました。本

当にありがとうございました。（R・K）

◆右脳教育では文武が両立する

K・Tさんは長男が生まれたころ、右脳教育法にふれました。さっそく七田式を子育てに取り入れ、それから十八年、息子さんは高校三年生になります。

息子さんは中学生のころからバスケットボール部に入り、キャプテンとして活躍しています。特筆すべきことはハードな部活動をしながら、学科においても一番とか四番とか、常に上位を占め、学校からこのほど成績優秀賞を授与されたことです。

右脳教育は素質を引き出す教育なので、肉体を酷使しながら、学科の記憶に少しも困らないのです。

父親としては、なんとも羨ましい限りだ、というのがK・Tさんの感想だそうです。

第五章◆新しい時代に心を開く子どもたち

◆ある先住民族の超能力

子育てで大切なことは、感性を育てることです。感性は、感覚よりももっと深く、深層意識に発するもので、すべての知的な活動の基盤になるものです。

人間は、右脳の感性を磨くことで無限とつながり、強力な能力を持つようになります。左脳の感覚は、深層意識に対してわずかなコントロール力しか持ちませんが、右脳の感覚は深い深層意識に根をおろしていて、肉体に対して強力なコントロール力を持ちます。

感性を磨くには、右脳の感覚を磨くことを試みましょう。

ところで右脳の感覚とは、どんな感覚でしょうか。左脳の感覚は肉体レベルの感覚で、見えるものが見える、聞こえるものが聞こえるという感覚です。

人間には、非物質的なもうひとつの感覚があって、見えないものが見える、聞こえないものが聞こえるという感覚があり、これが右脳の感覚です。

たとえば、文字を使わず、左脳よりもむしろ右脳の働きに頼って生活しているオーストラリアの先住民、アボリジニ族は、細胞レベルの知恵や意識を使うことができます。彼らは明らかに右脳感覚人間です。彼らは通信手段として、言葉を用いるよりもテレパシーを使います。その感覚は超人レベルといってもよいほどです。

［右脳人間］

大昔の人間や先住民族は、左脳がほとんど発達していない。反面、テレパシー能力等が高い。

→

［左脳人間］

現代人は、言葉・理性を発達させた代わりにＥＳＰ能力を失ってしまった。
左脳が右脳の働きを抑えている。

→

［左右の脳のバランスがよい人間］

右脳の働きを抑えていた左脳の力が消え、左右の脳を自由に使うことができる。

たとえば、砂の上に残された足跡が発している気の情報が彼らには伝わります。タイヤの跡から、車の速度、車種、車の通った日時、乗客の人数まで当ててしまいます。

彼らは、一滴の水分もない場所で水を見つけます。砂の上に横たわって地下水の音を聞きつけたり、手のひらを動かして地下水を探ったりします。

彼らの聴覚、視覚、嗅覚はまさに超人的ですが、彼らの感覚と私たちのそれとはどう違うのでしょう。

彼らは、ふつうの人間たちが使う左脳の感覚ではなく、右脳の感覚を使っているのです。私たちも彼らと同じように、右脳の感覚を磨くことで、豊かな感性を育てることは可能です。

◆右脳を開けば豊かな感性が開ける

右脳の感覚遊びをして育っている七田チャイルドアカデミー教室の子どもたちは、アボリジニ族と少しも変わらない右脳感覚を示します。

葛西教室のM・Yちゃん（八歳）は、バスのなかで「パパ、リフトに乗ってる。あっ、いま降りた」と、まるでテレビでも観ているように、その日スキーに行っている父親の行動を描写します。

滋賀県のA・Nちゃん（五歳）は、母親と道を歩きながら、「さっき隣の赤ちゃんが、乳母車から落っこちそうになったよ」と突然いいだします。

そこで隣の母親に確かめてみると、そのとおりの真実であることがわかるのです。

右脳教育を実践している七田チャイルドアカデミー教室の子どもたちの間では、こんなことは日常茶飯事です。

高松のK・Fちゃん（八歳）は庭の朝顔と対話して、『朝顔のモーリーちゃん』という小説を書いて、平成五年に、小学生の部で菊池寛賞を受賞しました。小学生では初の同賞の受賞ということで、地元ではちょっとした話題になりました。

彼女は翌年も続いてまた菊地寛賞を受賞しています。右脳の感覚を開いた子どもたちは、植物や鳥、鉱物などともお話ができ、生命の本質に触れることができます。これが、感性豊かな心へとつながります。その感性はまたきわめて高次元の創作を引き出すことになります。

◆ライト視トレーニングで右脳の感覚回路を開く

右脳の感覚回路を開き、右脳のイメージ力を育てるのに、ライト視トレーニングという非常に効果の高いトレーニング法があります。右脳を活性化するのに、色と光を効果的に使うとよいのです。

ライト視トレーニングをする子どもたちは容易にイメージを見るようになります。ここではその簡単な方法を紹介しましょう。

まず、六〇Ｗの電球をつけ、それを三メートルくらい離れた位置から三〇秒間じっと見続けます。

三〇秒経ったらライトを消し、目を閉じ、まぶたの後ろに残る残像を注視し続けます。残像は見続けていると色が変わり、そのうちに映像が見えてくるようになります。

子どもたちではイメージが見えてくるのが早く、驚くほどです。大人でもやがて映像が浮かんでくるようになり、たとえば自分の行きたい国の様子が、テレビでも観ているように見えるようになります。

目を閉じ、ライトの残像を見つめていると、その中に吸い込まれるような感じがして、そこがパッと開けて鮮やかなイメージが展開します。

六〇Wのライトを三〇秒間見つめたあと、明かりを消したと同時に目をつぶった幼児たちは次のような反応をよくみせます。

まぶたをピクピクさせて、深いθ（シータ）波レベルの意識状態に入り、口々に自分が見えるイメージについて語りはじめます。子どもたちはあまりにも鮮やかなイメージを見ているようなので、指導者もびっくりするほどです。

ライトの代わりに、ローソクを使ってやる方法もあります。やり方は同じです。子どもたちは、ローソク視トレーニングをすると、これもまた容易にイメージを見ることができます。

◆右脳記憶訓練で開く

右脳能力イメージ回路を開くための方法のひとつに、高速大量インプットという方法があります。カードを大量にフラッシュして見せるというやり方が、非常に効果的なのです。成人のための右脳開発教材『イマージェリー』に、一〇〇〇コマの絵を記憶するトレーニング法があります。

これは、一〇〇〇コマの絵を一枚一秒の速さで見せるビデオテープで学ぶようにプログラムされています。（現在は、CDとテキストのセットとなっています）

学習者は、ビデオを見ながら、その速さに合わせて絵の名前をいっていくのです。それは到底追いつける速さではありませんが。しかし訓練を受けて、一〇〇〇コマの絵をほとんどすべて覚えたころには、かなりの速さで、テープのスピードに負けず答えられるように変わっていきます。

すると不思議なことが起こります。訓練を続けていくうちに、左脳の言葉の記憶を借りることがなくなるのです。すばやい速度でコマ送りされる絵を次々に見ることができ、また、何番の絵が見たいと思うとちゃんと頭出しして見ることができるようになります。

そのころには、右脳のイメージ力が育っていて、予知力や透視力まで備わってしまうことがあります。

医師のMさんは、子どもを右脳教室で学ばせるために、時々付き添いで教室に訪れていました。Mさんはそれまでは左脳人間でしたが、子どもが教室でトレーニングを受けて右脳を開いたことに興味を持ち、自分でも取り組むようになりました。

彼は毎朝五時に起きてこのトレーニングを行います。暇をみては一〇〇〇コマの絵を見て、できるだけ速く順にいう訓練を続けました。

するとどうでしょう。一〇〇〇コマの絵を思い出そうとすると、ひとコマごとの映像がイメージで見えてくるのを体験するようになったのです。いまではすっかりイメージ力が開け、イメージで記憶する能力が育ったばかりか、透視の能力まで開いてしまいました。

ある日、友人の家に遊びに行ったときのことです。その家族が探し物をしていたので、Mさんは見事に透視してそのありかを指摘してみせたのです。

これには本人も、新しく開けた自分の能力にびっくりしたようでした。

◆なかなかイメージが見えない？

いくら訓練しても、なかなかイメージが見えないという人がいます。でも、心配することはありません。それはまだ、右脳のイメージ回路が開けていないだけなのですから。

人間の前頭野は、通常は使われることがなく、サイレント・エリア（沈黙の領域）と呼ばれています。ここはなぜ、サイレント・エリアなのでしょう。

この領域に回路を開く刺激をあたえるには、条件があります。通常の刺激は、主に左脳の回路にしか入らないのです。

ですので、言葉を使う訓練ではなく、物事をイメージでとらえる訓練が大切です。右脳を開く刺激は、光、色、形です。

そのうえ、それらの刺激を入れるのにも条件があります。

瞑想、呼吸をして、脳波を通常の脳波ではなく、α波、θ（シータ）波に落してから、それらの刺激を取り入れることが必要です。

もうひとつ大切な条件があります。そのトレーニングを徹底して行い、少なくとも三ヵ月は継続する必要があります。

右脳の沈黙の領域に刺激を入れるためには、まず優位に働いている左脳の働きを抑制しなければなりません。そのうえで繰り返し継続して、大量の刺激を入れ続けると、イメージは必ず開けます。

イメージが見えないのは、ふたつの問題が考えられます。

ひとつは、心の方向性です。左脳の意識が開く心から、右脳の意識が働く心に切り替えなくてはなりません。

イメージを見たい見たい見たいという意識ばかりが強く働くと、それは左脳の意識を強く働かせていることであり、右脳の意識に入りきれないのです。

もうひとつは、やり方が自分に適していないことが考えられます。右脳を開くやり方はいろいろあり、自分に合ったやり方を見つけて、熱心に継続することが必要です。

◆病気を治すイメージトレーニング

最近では、イメージで病気を治す治療法がかなりポピュラーになってきました。

イメージ療法のなかでも著名なのは、サイモントン療法でしょう。

アメリカ・テキサス州の医師サイモントンは、重症の咽喉進行ガン患者にイメージでガンを治す治療法を指導しました。患者に、ガン細胞が白血球に食いつくされるイメージをさせたところ、二ヵ月後にガン細胞が完全に消滅したのです。

これに力を得たサイモントンは、ほかのガン患者を四年間にわたってイメージ療法で治療することを指導してみました。その結果、二二・二%の患者が完全にガン細胞を消滅させたのです。

佐世保教室のT・F先生は病院で検査を受け直腸ガンと宣告されました。腎臓から膀胱に続く尿管がふさがってしまい、排尿の機能が低下していたので、入院して透析治療を受けていました。

治る見込みはなく、最初は暗たんたる思いでした。

ところが、T・F先生はすぐに気持ちを切り替えました。深夜になると、好きな山登りやキャンプをしている自分をイメージし続けたのです。枕元には、キャンプ場の本や登山ガイド、釣りやボートの本などが積み上げられていきました。

彼のイメージは本格的になっていきます。二ヵ月後にはすっかり治った自分をイメージしました。そして、体に数本の管を挿したままで電話ボックスまで行くと、キャンプ場の予約、野外レジャー用品のレンタル予約までする始末でした。

そのときまでには、手術も無事に終わって退院している自分をイメージしたのです。

やがて症状に変化が出てきました。それまでまったく出なかった尿が、ひと晩で一万五〇〇〇CCも出て、パンパンに腫れていた体が元に戻ったのです。そのため八〇キロあった体重は五八キロまで下がっていました。不思議なことに尿管が開いたのです。

あとはガンの手術だけでした。その前に再検査が行われました。するとどうでしょう。直腸にあったはずの腫瘍が消えていたのです。カメラには、オレンジ色の腸壁が見えるだけでした。

担当医師は非常に驚き、「こんなにこつ然と腫瘍が消えた例は、日本ではこれまでに十数例しかない」といわれたそうです。

T・F先生は、深夜にイメージ療法を続けることでこんな結果を得ることができたのです。

◆イメージには細胞と話す力がある

イメージには、植物の細胞や人体の細胞と話をする力があります。

Y・Sくんの父親は皮膚が弱く、尋常性の白斑《はくはん》病がありました。白斑病とは、肌の色素が抜けて白い斑点ができる皮膚病です。

母親がY・Sくんにいいました。

「お父さんの体のなかに入って、どうして皮膚が弱いか聞いてきてよ」

しばらくしてY・Sくんはいいました。

「お父さんの肝臓の血液はとても汚れているよ」

「じゃあ、きれいに大掃除してよ」

「わかった……はい、もう大丈夫」

すると、その日を境に父親の皮膚は好転しはじめたのです。

Y・Sくんによれば、「体のなかから、どこが悪いのか、悪いところが語りかけてくれる」のだそうです。

Y・Sくんのような子どものほかに、花と話をする子どもたちもいます。

子どもたちに一輪挿しの花瓶のなかへ入って、花と話をしてもらいました。

ひとりの子どもがいいます。

「お花が水をほしいといってるよ」

花瓶のなかを見ると、水がすっかり切れていたので、先生はびっくりです。

祥伝社刊『あなたの細胞の神秘な力』（ロバート・B・ストーン著）には、マッシュルームと会話する女性が登場します。彼女はリラックスして脳を活性化させると、植物と話ができるのです。ある日のこと、マッシュルームがしきりに「息苦しい」というので、周囲を調べてみると、建物の換気システムが作動していなかったということが書かれています。

◆丹田呼吸瞑想法で右脳を活性化

通常、人間は右脳をあまり使っていません。左脳を優位に使うように頭が仕組まれてしまっているからです。

どうすれば右脳が活性化するのか。

それには、瞑想と呼吸が大きなポイントとなります。ここでは丹田呼吸瞑想法について説明しましょう。

丹田呼吸瞑想法は、丹田呼吸法とイメージを組み合わせた瞑想です。通常の瞑想法では、生命現象の空なる次元を実感することは不可能です。丹田呼吸法は吐く時にお腹を凹ませ、吸う時お腹をふくらませる呼吸法です。

瞑想と丹田呼吸によって心をリラックスさせ、集中しやすい状態にすることで、右脳が働きやすい心身の環境をつくり、自由にイメージを見る力を育てます。

丹田呼吸を続けていると、生命の内側に別の世界が見えてきます。その秘密は、長く吐く呼吸にあります。

「ガティ、ガティ、パーラガティ、パーラサンガティ、ボディースヴァーハ」

この呪文を唱えながら、宇宙と一体になったイメージを呪文に添わせて深い呼吸をしていくと、呪文と一体になってイメージの世界に入っていきます。

呪文と呼吸のテンポを一致させると意識は空の次元へ到達することが可能となるのです。呪文を唱えながら、くる日もくる日も丹田呼吸瞑想法を続けましょう。一日に一～二時間ほど行うと、瞑想中に必ずイメージが見えてきます。

◆眠れる才能が目覚めて超人間になる法

ここで紹介する一五分間トレーニングも、右脳のイメージ力を開く基本的なもののひとつです。あなたはこの訓練を熱心に行うこと

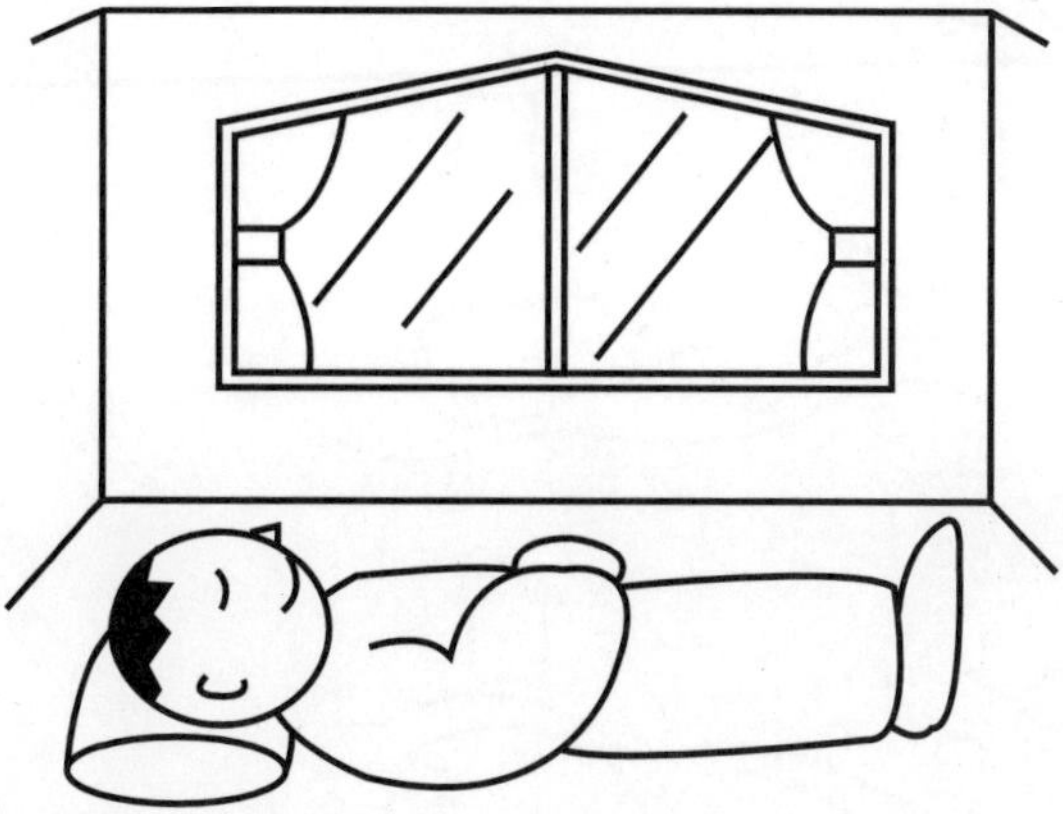

静かな部屋によこたわって心を落ち着けます。
目を閉じ、瞑想の訓練します。

で、眠れる才能を揺り起こして超人間となることができます。一五分間トレーニングは、各五分ずつの三ステップトレーニングからなり、次のように行います。

・第一ステップ　五分間の丹田呼吸法

普通の呼吸法では、息を吸ったときに胸をふくらませ、息を吐いたときに胸をへこませます。丹田呼吸法では、息を吸ったときに下腹（丹田）をふくらませ、吐いたときに下腹をへこませます。これを丹田呼吸法といいます。

ゆっくりと八秒かけて口から息を吐きます。吐きながら「リラックスする。落ち着く。頭がボンヤリして眠くなる」と自己暗示をかけましょう。

それから八秒間、鼻から息を吸い、八秒

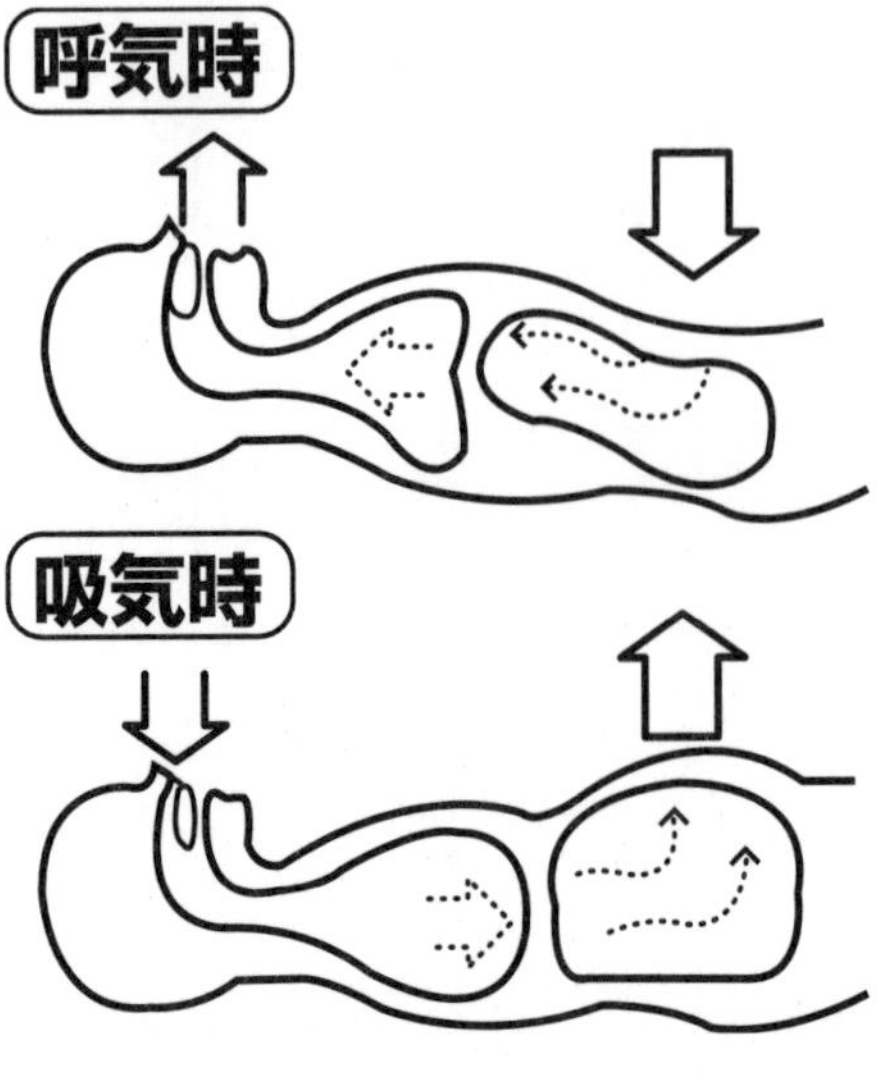

間止めます。この呼吸法を五分間続けます。

・第二ステップ　オープンフォーカス

オープン・フォーカスとは、目の焦点を対象より少し向こう側に置いて焦点を合わさないで見る方法。やり方は次のとおりです。

1・目の前に両手を伸ばし、親指を立てる。そのとき、爪をこちらに向けます。

2・親指より向こう側にある物を見るように焦点をずらすと、親指が四本映って見えます。これを目を半眼にして見つめます。五分間続けます。

3・親指を少し接近させ、内側の二つの像が一つに重なって、全体が三本の像になって見えるように調整します。

4・この状態のまま、焦点をずらすことなく、三本の指の像とその周りに意をはらう練習をします。

このような焦点の置き方のくせを身につけると、オーラ

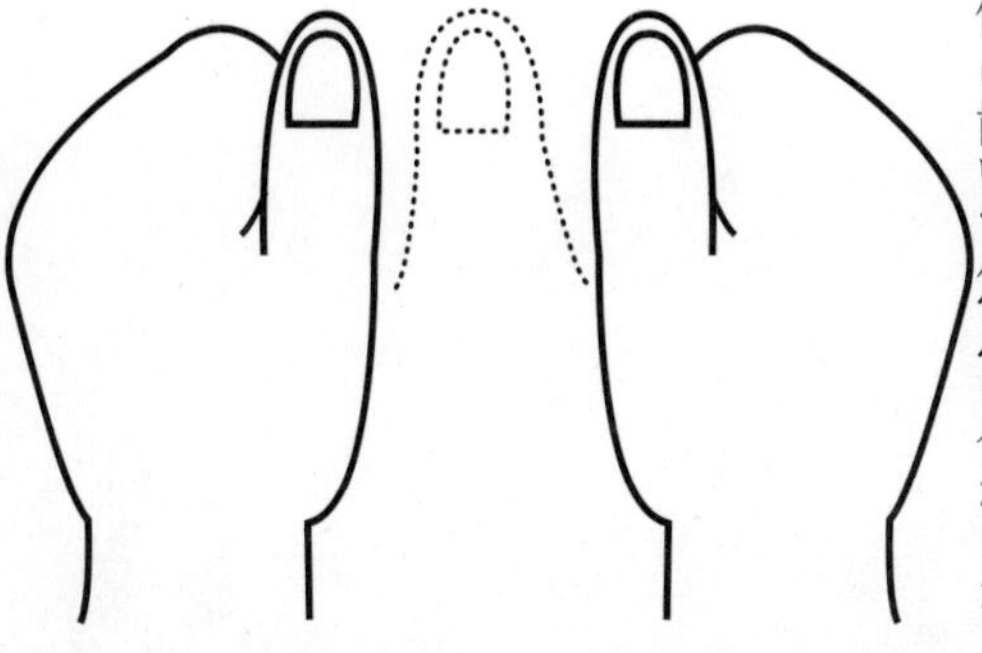

が早く見えるようになります。

見つめている間に、親指が消えて見えなくなると自己暗示しましょう。すると回数を重ねているうちに、本当に指が見えなくなります。見えるものが見えなくなる。これは右脳の感覚を開くトレーニングです。

・第三ステップ　残像トレーニング

子どもたちのイメージ力を育てるよい方法のひとつに、オレンジカードによる残像訓練があります。

何か対象を決めて、それを数秒間見つめて目を閉じ、目を閉じたときに残像を利用してイメージで対象をありありと映し出すトレーニングをします。

数秒見つめて数秒目を閉じるということを五分間繰り返しながら、目を閉じたときにははっきりイメージを出す訓練をしましょう。

こうすることによって、右脳のイメージ力を開き、それによってあなたの眠れる才能を大きく開発させることができるのです。

残像訓練は次のように行ないます。

まず、オレンジの色紙を一枚用意します。この色紙の中心に、直径二cmほどのブルーの円を貼りつけます。

これを子どもたち一人ひとりに渡し、白い台紙の上に置かせて、目の前三〇cmほどのところに置かせ、三〇秒間じっと見つめさせます。

その後、オレンジカードを引きぬき、白い台紙の上を見つめさせます。すると台紙の上に残像が残って見えます。見え方には次の四段階があります。

1・補色が見えます。中心のブルーが橙色《だいだい》に見えます

2・そのままの青い色で見えます

3・中心のブルーを色、形、大きさを自由に変えて見ることができます

オレンジの色紙を明るい光の下で、
30cmほど離れたところにおき、
30秒間じっと見つめます。
※目を半眼にしたほうがより残像
　イメージが見やすくなります。

パッと目を閉じ、まぶたの裏に映る
丸い残像を見つめます。

4・中心のブルーを自由なイメージに変え、それを自分の姿に変えることができます

◆すべてのものがもつ「固有振動」

この世のすべてのものは、せんじつめると極微の目に見えない粒子となり、それは固有の振動を発しているといわれます。

風も光も、鉱物も植物も、人の心もすべては波動で固有振動を発しています。音の何オクターブか上に、光と色彩の振動があります。

心の動きも振動で、心をつかさどる前頭葉の振動は、10^{30}Hz以上といわれ、間脳（視床下部、脳下垂体、松果体）の振動は10^{40}～10^{50}Hz以上だといわれます。

人間の深層意識はこの間脳に発し、その波動はX線の通過できない濃密な個体をも貫通します。

テレパシーも振動であり、人間の発する極微の振動を授受するのが間脳の働きなのです。間脳は心の座といわれ、振動に対してきわめて敏感で、どんな振動もキャッチします。

間脳の一部とされる松果体こそ、宇宙の波動と共振するところで、右脳はその端末の器官と考えればよいでしょう。

右脳は宇宙のすべての波動に共鳴共振する機能を持ち、同調原理で働く頭なのです。

人間は、肉体と生体エネルギーからなり、生体エネルギーの同調原理を使うことでテレパシー能力が発生します。それによって必要な情報を入手することができる仕組みになっています。

右脳はまた、そうして同調して得た波動情報をイメージに変換する機能を持っています。

右脳は端末なので、中央の機構はもちろん間脳の松果体です。松果体は、目に見えないエネルギーを目に見えるエネルギーに変換する分泌腺です。

この松果体を目覚めさせると、宇宙とつながり、超常の世界へとつながります。

◆ESP遊びでイメージ力が開く

人間は本来、感覚的メッセージを受け取る脳を持っているのに、その力は十分に磨かれてはいません。これをよく磨くと、右脳の五感の働き(ESP)がすぐれたものになります。

植物、動物、人間、すべての生命体は、共通の感覚系を備えています。この感覚系は右脳のものです。

右脳の感覚系は、個人の情緒的側面のすべてを支配する深層意識とつながっています。この深層意識は、宇宙意識とつながり、全知全能の能力を秘めています。

私たちの感性は通常は左脳の感性であり、深層意識に対してはわずかな自律性しかありません。

ところが右脳の感性は、深層意識を自由に使いこなすことができます。だからこそ右脳の感性を磨くことが大切であり、それは同時にＥＳＰの能力を開くことにもつながります。

逆もまた真なりで、ＥＳＰ遊びで右脳能力感性が開けることになります。

ほかの項でも紹介している『イマージェリー』は大人の能力開発にも一役買うことのできるＥＳＰ遊びの組み込まれた右脳開発教材です。

◆脳の働きの仕組みに合う教育を

人類はこれまで、右脳の真の働きや使い方を知らずに、かえってむずかしい教育をしてきました。もともと人間は、これまで自分が使ってきた能力とはまったく違った使い方ができるものなのです。

すべての人間が、右脳と左脳を連動して使えるようになれば、それは人類が進化レベルに入ったといえるでしょう。

右脳は人類の進化と密接にかかわりを持つ脳です。脳の研究がこのように進み、学問的な成果が広く認められるようになれば、世界中の教育のありかたが変わっていくでしょう。そして、新人類、新種の子どもたちが多く育つに違いありません。

これまでの「右脳開発」をあらわした本は、そのほとんどが俗流の右脳開発法であったと私は思います。

左手で文字を書いたり、絵を描いたりすれば右脳が活性化される。西洋音楽を聴いたり、俳句を作れば右脳が開発されるなどというのは、本来の右脳開発法といえるのでしょうか。右脳を開発するとは、見えないものが見えるイメージ力を開発することです。子どもたちは容易にこのイメージ力を開発し、伏せたカードをスッと透視できるようになります。

透視ができるようになると、右脳記憶が開けます。どんなに難しい計算問題でも瞬間に答えがイメージで出て、一〇〇％正確な答えが書けるようになります。

一度見聞きしたことは、イメージで記憶することができるので、どんな音でも再現できる絶対音感も開けることになります。

イメージには、イメージしたとおりのことが起こるという原理が働きます。だからこそ、楽器を上手に演奏したり、演技したり、運動したりするイメージリハーサルをすることで、そのイメージどおりの成果が生み出せるのです。

このようにイメージには不思議な力があり、二一世紀の新人類はこのイメージを自由に使いこなすでしょう。

学校は言葉を中心にした学習法に頼るよりも、イメージ中心の教育になるでしょう。学習革命はすでに始まっています。違う能力を使う子どもたちがどんどん育っているのです。

右脳教育法では、障害児も健常児に変わります。これまでは自閉的な傾向があるとされた子どもが、七田教室に入室してからすっかり健常児になり、元気に小学校に通っている例は多くあります。

左脳でするると思われている計算もイメージの力で自由にこなし、「イメージのなかに小人が出てきて、いろいろな場面でさまざまなことを教えてくれる」といいます。

これからもイメージは、実に不思議な働きを、子どもたちの姿を借りて見せてくれるでしょう。

◆右脳記憶の驚くべき働き

これまでの教育は、左脳にただ知識を教え込むことによって「頭の賢さを育てる教育」で、「頭の賢さそのものを引き出す教育」ではありませんでした。

だからこそ記憶力の悪い子どもの場合、何を教えられても記憶できないから賢くなれない、という図式がありました。

ところが、それは通常使われている左脳の記憶が悪いだけで、そんな子どもでも、天才的な右脳の記憶力を知らずに眠らせています。いったん右脳の記憶力を目覚めさせると、どんな子どもでもたちまち優秀な子どもへと変身します。

これまで右脳の記憶について記述した本は、ほとんどなかったように思います。

右脳には、左脳の言語性の記憶とは違い、ひと目見たものを写真で写したように覚える『イメージ記憶』と呼ばれる別種の記憶があるのです。

この右脳の記憶を開くと、記憶力がほとんど働かないといわれる脳障害児や学習不振児たちが、たちまち記憶のよい子どもたちに変身して、賢くなります。

医師に、「この子は記憶の能力がほとんどないから、一生施設で過ごさなくてはならないでしょう」といわれた三歳四ヵ月の子どもが、右脳教育訓練を受けたおかげで、二ヵ月後には記憶がどんどん働く子どもに変身しました。母親が一度読んでくれた本はすべて覚えてしまう。漢字も一度見たら覚えてしまうので、小学校一年生の漢字八〇字を一ヵ月で覚えてしまったという例があります。

これは決してまれな例ではありません。右脳記憶訓練を受けた子どもたちが、日本のあちこちで示している例なのです。

◆子どもたちが示す右脳記憶の実例

理科や社会の成績が三〇点前後という小学生たちに、右脳記憶の訓練をしました。訓練といっても、絵カードを並べて、隣り合った絵どうしを、

「石のうえにイチゴを置いて、そのイチゴを靴で踏みつぶしました」

というふうに、言葉でリンクして覚えさせるお遊びです。

するとどうでしょう。子どもたちがこのリンク法で訓練していくと、並べられた五〇枚の絵を、一～二分見るだけで、全体を写真記憶してしまう能力が開けたのです。

ひとりの子どもがその能力を開くと、おもしろいように周りの子どもたちにもその能力が伝播していきます。

いまではこの子どもたちは、理科、社会で一〇〇点をとるようになりました。あれだけ勉強ぎらいだった子どもが、勉強好きの子どもに変わってしまったのです。

この子たちは、「勉強しなさい」というと、たちまち拒否反応を示していた子どもたちでした。これまでの左脳的な学習にはまったく興味を示さなかった子どもたちです。

人間が本来持つ右脳の潜在的能力のひとつ、右脳の記憶力を右脳教育法で開くと、たちまちこのような子どもたちに変身してしまいます。

◆人間の意識は宇宙意識とつながっている

これらの子どもたちの能力を見ると、人類は確実に進歩していることがわかります。前にも述べたように、右脳は進化機能につながっています。これを知らず、人間が左脳の機能ばかりに頼るかぎり、未来における進歩はないといえます。

人間にはもともと進化するためのプログラムが組み込まれています。それは人間をいまの状態から高度な能力と知性を持った人間に進化させるためのプログラムです。

人間の能力には限界はありません。ただ限界があると思いこんでいるだけです。それは左脳的な思考であり、左脳的な発想です。

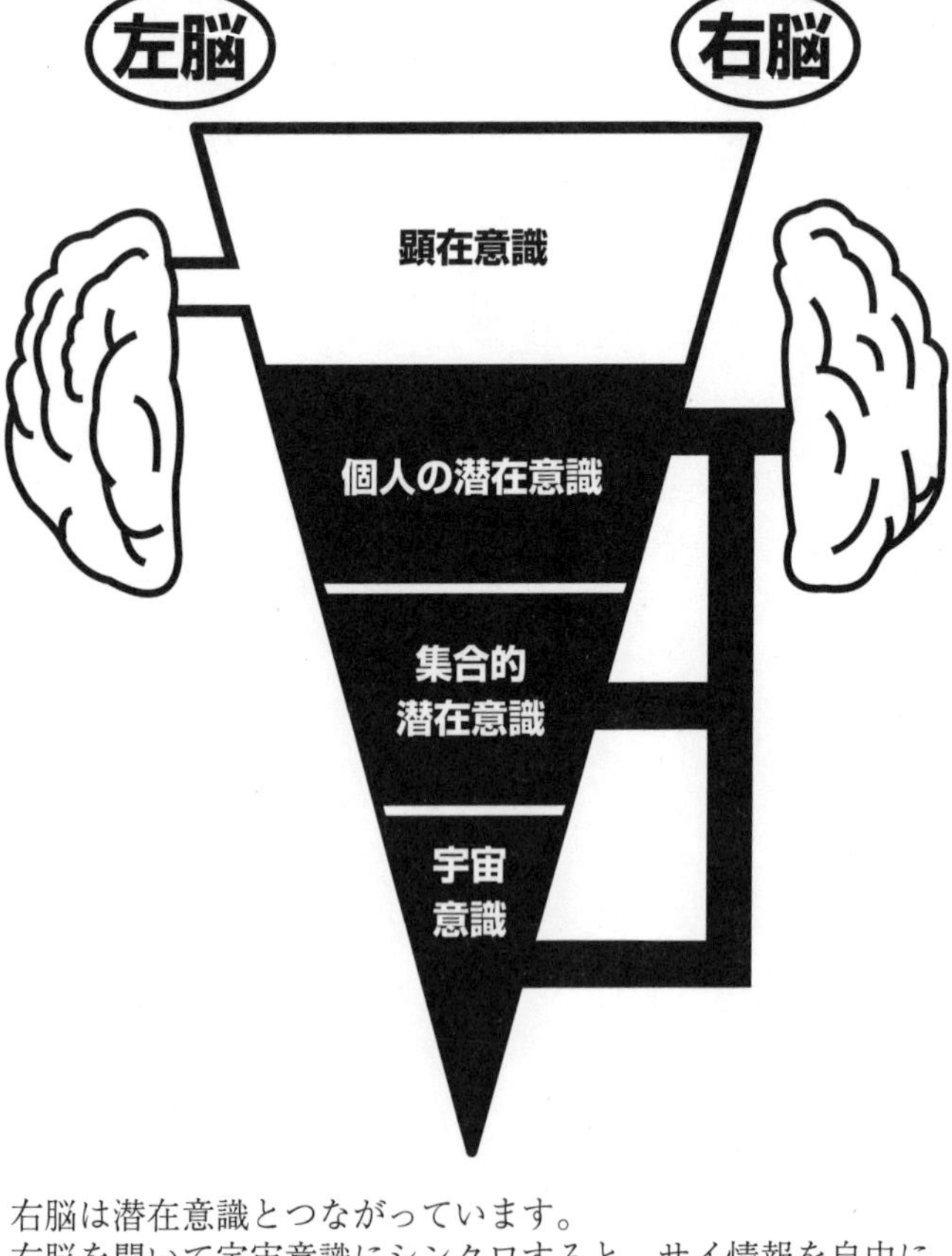

右脳は潜在意識とつながっています。
右脳を開いて宇宙意識にシンクロすると、サイ情報を自由に引き出すことができます。

左脳は、肉体的な限界を超えられませんが、右脳は肉体という限界を超えて働く超感覚的な知覚を備えているのです。

人間の潜在能力は、意識の深いところにあって、右脳に出てくるように回路がつながれています。だから、右脳の機能に目覚めることが大切なのです。

意識の深いところでは、人間の意識は宇宙意識とつながっており、宇宙意識とつながると全知全能の働きができます。

人間の潜在意識は全知全能で、不可能はありません。右脳のイメージ力を育てると、左脳の五感を超えた情報収集能力が働きます。

宇宙の情報を「サイ情報」といいます。このサイ情報を自由にコントロールすることのできる人間こそが二一世紀の人間です。

◆波動速読を楽しむ子どもたち

右脳を開き、波動で情報を受け取って、イメージに変えて本の内容を知る波動速読法が、今、しちだ教室の子どもたちがごく普通にやっている学習法です。その様子を最後にお知らせしましょう。

平成一四年三月　しちだ教室のレポート

小学生クラスの報告を致します。このクラスは小学三年生ばかり六人のクラスです。

その日は、棒のイメージから胎児に戻るというイメージをしました。覚醒後みんな穏やかな表情をして胎児の時のことを書いてくれました。

その中でRちゃんという女の子は「お母さんが濃い青い色の服を着ていて、外の天気は晴れだった。お腹の中はとても気持ちが良かった」と、はっきりとイメージが見えたようです。

その後、ＥＳＰカード五枚を三回したところ全部当たっています。

次に波動速読をするために、本の題名も内容も分からないようにして本を渡しました。子どもたちは目を閉じ、深い呼吸をして本を抱いています。「本とひとつになったと思うまで、本を静かに抱いていてね」といって、しばらく黙ったままでいました。

すると、Rちゃんは「甘い匂いがする」と言い始めました。何の匂いか聞くと、「クッキーの匂いだ」といって、「あっ、『まほうの小さなクッキー』という本の題名が見える。とてもゆかいなお話しよ。本当においしそうに焼けている」といって、目を開けました。

他の子も「絵が見える」とか「字が見えてきた」といって書き始めました。波動速読は子どもたちにとって楽しいお遊びのひとつのようです。

授業後、Rちゃんのお母さんに波動速読のお話しをしたら、「そうですか」と淡々とした声であっさりと流されました。Rちゃんのお母さんは、左脳の学習に熱心でどちらかというと、関心事は学校の成績です。

そのお母さんに毎回のように表れるRちゃんの不思議な能力（右脳の能力）について報告をしています。例えば、レッスン中に学校の先生が何をしているのか透視できたというようなこともありました。

次第に、お母さんも右脳の働きを大切にしていき、バランスのとれた脳にしたほうがよいと分かってくださっているように思います。Rちゃんは今週もイメージ作文を書いたり、波動速読をして楽しんでいます。

エピローグ

私が目指すもの。それは真の全人的な教育です。基本中の基本としてはまず右脳を開くことが大切です。そのために欠かせないもののひとつに「食」の大切さがあります。

人間の体の細胞には、タンパク質が六〇％、脂肪が三〇％含まれています。脳は逆に脂肪成分が六〇％もあり、タンパク質は三〇％くらいといわれます。そして、その脂肪分の大半はリン脂質（レシチン成分）です。レシチン成分は、脳の機能にきわめて重要な役割を果たしており、脳神経細胞のからみあいを成長させる重要な成分となっています。

人間の体全体をコントロールする脳細胞。脳と脳神経細胞中のレシチン濃度は、脳全体の二〇％を占めるといわれます。

胎児の脳細胞は母親の胎内で七〇％できており、生まれてから満三歳前後まで残りの三〇％ができあがってしまいます。妊娠中の母親や生まれた子どもがレシチン成分を十分に摂っておれば、脳細胞も充実したものになります。

ここでもし、粗悪な脂質を多く摂り、これが、これから脳が作られていく胎児の脳内に入ると、脳細胞は粗悪な材料によって作り上げられることになります。

しかし、良質のレシチン成分を十分に摂っていれば、リン脂質の代謝作用によって不要な有害物質は排泄されます。

とくにこの時期に、レシチン成分の補給を怠ると、脳の神経細胞から出てくる神経繊維をおおっている髄鞘《ずいしょう》が栄養不良になり、知能の働きを低下させてしまいます。

動物たちは子どもを産んだとき、後産として出てくる胎盤を食べてしまいます。これは出産によって失われた体内レシチン成分を補給する自然の摂理なのです。

人間の場合はそんなことはありませんが、産後も十分にレシチン成分の補給をする必要があります。

出産後の女性にレシチンが不足すると、

・母乳が出なくなる。
・子宮の収縮や母体の回復が遅れる。
・産後の肥立ちが悪く、歯が悪くなる。

・脱毛がひどくなる。
・便秘になる。
・シミができる。
・産後のストレスからくる神経障害を起こす。
・ノイローゼやヒステリーぎみになる。

などのいろいろな症状があらわれます。このように妊娠中や出産後には、十分なレシチン成分が必須のものであるといえます。

食の大切さはこれだけにかぎりません。

最近、とくに乱れている子どもたちの食事の内容は、「切れる子どもたち」をつくりあげる大きな原因のひとつだと、私は思っています。

「医食同源」という言葉がありますが、食と右脳教育は無関係なようでいて、実は密接なつながりがあります。

本書では、詳しくふれることはできませんが、「子育て」は広くトータルに考えることが必要であることを強調しつつ、筆を擱くことにいたします。

七田　眞

参考文献

生き方にもコツがある　致知出版社　船井幸雄
エヴァへの道　ＰＨＰ　船井幸雄
21世紀は宇宙文明になる　同朋社　深野一幸
深野一幸の地球を救う全情報　廣済堂　深野一幸
絶対成功力　マガジンハウス　篠原佳年
国語力が子どもを伸ばす　ＰＨＰ　尾川克臣
いま、脳が進化する　日進報道　大貝俊弘
私の教育論　ミネルヴァ書房　岸根卓郎
地球最強の子育て大作戦　山手書房新社　山内義一
新・勉強に強くなる本　三一書房　小林良彰
あなたの子どもはこんなに危険にさらされている　総合法令　七田　眞
「おちこぼれ」教育論　東京こども教育センター教室　水野茂一
奇跡が起きる七田式０歳教育
―障害児を普通児に育てる本―　鳳鳴堂書店　七田　眞

光を放つ子どもたち ―トランスパーソナル発達心理学入門― 日本教文社 トーマス・アームストロング
読めない子どもの出発 風媒社 カール・デラカート
英才教育入門 池田書店 伏見猛弥
胎児は語る 潮文社 ゲイブリエル夫妻
あなたの細胞の神秘な力 祥伝社 ロバート・B・ストーン
超右脳革命 三笠書房 七田 眞
子ども達の心と脳を育む教育 めいけい出版 七田 眞
どんな子でも必ず超優秀になれる フォー・ユー 七田 眞
右脳教育で子どもは変わる PHP 七田 眞
認めてほめて愛して育てる PHP 七田 眞
頭脳の果て アインシュタイン・ファクター 駒虎書房 ウイン・ウェンガ リチャード・ポー

本書は、小社より一九九八年に刊行された『右脳全開教育』を
大幅に修正変更し、加筆した作品です。

〈著者プロフィール〉
七田　眞（しちだ　まこと）

1929年生まれ。島根県出身。米国ニューポート大学日本校・教育学部教授。

教育学博士。日本文化振興会副会長。

七田チャイルドアカデミー校長。しちだ・教育研究所会長。現在、七田式幼児教育を実践している教室が全国で約400教室を数え、アメリカ、韓国、台湾、シンガポールにも七田式教育法が広がっている。

1997年、社会文化功労賞受賞、世界学術文化審議会より国際学術グランプリ受賞。また国際学士院の世界知的財産登録協議会より、世界平和功労大騎士勲章を受賞、騎士（ナイト）の称号を許される。

主著に『赤ちゃんは天才』『「百匹目の猿現象」は右脳から』（KKベストセラーズ）、『知能と創造のサイエンス』『「間脳」自己啓発のすすめ』（日本実業出版）、『超右脳革命』『全脳時代』（総合法令）、『右脳で生きるコツ』『驚異の七田式右脳学習法』（PHP研究所）、『七田式右脳全開催眠法』（文芸社）、『父親の7つの行動』（海竜社）『波動速読法』（KKロングセラーズ）ほか多数。

●お問い合わせ●
七田式教育に関する連絡先

◆しちだ･教育研究所（母親通信教育）
〒695-8577　島根県江津市江津町526-1
TEL(0855)52-4801　http://www.shichida.co.jp/

◆七田チャイルドアカデミー（幼児教育への入室および開設）
〒545-0011　大阪市阿倍野区昭和町1-5-27 S･C･Aビルディング
TEL(06)6621-1234　http://www.shichida.ne.jp/
〒115-0044　東京都北区赤羽南1-9-11 赤羽南ビル8F
TEL(03)5249-7700　http://www.shichida.ne.jp/

七田式右脳全開教育

2002年6月15日　初版第1刷発行

著　者　七田眞《しちだまこと》
発行者　瓜谷綱延
発行所　株式会社文芸社
〒160-0022　東京都新宿区新宿1-10-1
電話　03-5369-3060（編集）
03-5369-2299（販売）
振替　00190-8-728265
印刷所　東洋経済印刷株式会社

ISBN4-8355-4346-7 C0037